Kohlhammer

Gabriele Klappenecker

Diakonische Kompetenz entwickeln – Verantwortung lernen

Didaktische Perspektiven für die Sekundarstufe I und II

Verlag W. Kohlhammer

1. Auflage 2014

Satz: Andrea Siebert, Neuendettelsau
Gesamtherstellung: W. Kohlhammer GmbH, Stuttgart

Print:
ISBN 978-3-17-025152-6

E-Book-Formate:
pdf: ISBN 978-3-17-025153-3
epub: ISBN 978-3-17-025154-0
mobi: ISBN 978-3-17-025155-7

Inhalt

Vorwort und Dank

Diakonische Bildungsprozesse werden traditionell von Schulen in kirchlicher Trägerschaft initiiert, und dies mit nachhaltiger Wirkung auf die Persönlichkeitsentwicklung der Heranwachsenden. Versteht man unter diakonischer Bildung eine Form der Bildung hin zum Übernehmen von Verantwortung, wird diese auch für staatliche Schulen ohne kirchliche Trägerschaft bedeutsam. Diakonisches Lernen als Verantwortungslernen muss dann aber so konzipiert werden, dass es ohne konfessionelle Bindung plausibel ist. Hierzu muss eine Forschungslücke geschlossen werden: Das so genannte *situated learning*, eine Lernform, die die „Situierung" in einem konfessionellen Kontext voraussetzt, ist bisher in diakonischen perspektivierten Formen des Verantwortungslernens bestimmend. Es müssten aber auch Formen des *service learning* religionspädagogisch erschlossen werden, wenn Verantwortung auch ohne explizite Kenntnisse der jüdisch-christlichen Tradition erlernt werden soll.

Ein so gefasstes Verantwortungslernen ist möglich, wie ein Seminarkurs am staatlichen Friedrich-List-Gymnasium in Asperg, Baden-Württemberg, zeigte, der in diesem Band dokumentiert wird. Diesem einzelnen, in der Praxis bewährten Beispiel sollen nun, um die Forschungslücke weiter zu schließen, Perspektiven für eine Didaktik diakonisch-sozialen Lernens zur Seite gestellt werden. Sie sind für Forschende, Lehrende und Unterrichtende gedacht in der Hoffnung, dass Verantwortungslernen innerhalb und außerhalb des Religionsunterrichts als interdisziplinäres, die Schule als Ganze betreffendes Projekt möglich wird. Dies soll in einer Weise geschehen können, in der Religionslehrerinnen und -lehrer ein interdisziplinäres Gespräch mit Kolleginnen und Kollegen anderer Fächer führen und außerschulische Einrichtungen ebenso zu Lernorten werden wie das Klassenzimmer und das Schulhaus. Die Rückmeldungen der Schülerinnen und Schüler auf den genannten Seminarkurs geben Anlass zu der Hoffnung, dass Verantwortungslernen eine besondere Tiefe erreicht, Spaß macht und eine die gesamte Persönlichkeit bildende Expedition ins außerschulische Umfeld, aber auch ins eigene Ich sein kann.

Diese Darstellung ist folgendermaßen aufgebaut: Zunächst wird der Begriff der Verantwortung theologisch, aber auch in seiner über die Theologie hinausgehenden Reichweite erschlossen.

Daraus ergibt sich eine spezifische Konzeption diakonischer Bildung. Die Modelle des *service learning* und des *situated learning* werden jeweils dargelegt und hinsichtlich ihrer Leistung für eine so gefasste Didaktik untersucht. Es lassen sich diakonische Bildungsintentionen herausarbeiten.

Auf der Basis des bisher Dargelegten wird der Seminarkurs als Praxisbeispiel entfaltet und es werden Konsequenzen für die weitere Entwicklung dieser Didaktik gezogen. Eine wesentliche Konsequenz ergibt sich darin, dass Verantwortungslernen daraufhin zu befragen ist, welche Kompetenzen es ausbildet und fördert. Hierzu ist es nötig, plausible Kompetenzmodelle zu sichten. Das Kompetenzmodell des baden-württembergischen Bildungsplans findet hierbei besondere Beachtung. Am Schluss der Untersuchung wird der Beitrag eines diakonisch perspektivierten Verantwortungslernens zur Kompetenzbildung dargelegt.

Ich danke den Mitgliedern des Beirates meines Projektes zum diakonisch-sozialen Lernen herzlich für ihre Begleitung und für ihre Anregungen:

Kirchenrätin Ingeborg Soller-Britsch, Geschäftsführerin des Evangelischen Schulwerkes in Württemberg, Pfarrerin Christa Epple-Franke, Geschäftsführerin des Evangelischen Schulwerkes Baden und Württemberg, Dr. Uta Hallwirth, Wissenschaftliche Arbeitsstelle Evangelische Schule, EKD, Pfarrerin Dr. Antje Fetzer und Pfarrer Dr. Joachim Rückle, beide vom Diakonischen Werk Württemberg, Abteilung Theologie und Bildung, Oberstudiendirektorin Dr. Sonja-Maria Bauer, Friedrich-List-Gymnasium Asperg. Beiratsmitglieder aus der Hochschule waren: Prof. Dr. Anne Sliwka, Prorektorin der Pädagogischen Hochschule Heidelberg, Prof. Dr. Heinz Schmidt, Diakoniewissenschaftliches Institut der Universität Heidelberg, Prof. Dr. Thomas Schlag, Universität Zürich, Praktische Theologie. Als Gäste waren eingeladen: PD Dr. Christoph Gramzow, Universität Leipzig, und Dr. Martin Horstmann, Sozialwissenschaftliches Institut der EKD, Hannover.

Besonders erwähnen möchte ich Frau Soller-Britsch. Sie hat als ehemalige Geschäftsführerin des Evangelischen Schulwerkes in Württemberg, jetzt: Evangelisches Schulwerk Baden und Württemberg, die finanziellen und organisatorischen Rahmenbedingungen ermöglicht und ist beratend tätig gewesen. Ihre Nachfolgerin, Frau Epple-Franke, hat in einem nahtlosen Übergang die Weiterführung der Geschäfte und der Beratung übernommen. Herr Prof. Schmidt hat die einzelnen Fassungen dieser Arbeit mit kritisch-konstruktiven Anregungen begleitet. Frau Dr. Uta Hallwirth hat keine Mühen gescheut, fast zu jeder einzelnen Beiratssitzung aus Hannover nach Stuttgart anzureisen. Sie brachte stets anregende Gedanken in die Diskussion ein sowie Einblicke in die aktuellen Entwicklungen aus meinem Forschungsgebiet.

Herrn Jürgen Schneider vom Kohlhammer-Verlag danke ich für die zuverlässige und vertrauenswürdige Betreuung des Manuskripts.

Den Leserinnen und Lesern wünsche ich eine anregende Lektüre und hoffe, dass die nun vorliegende Arbeit dazu ermutigt, eigene Wege diakonisch-sozialen Lernens zu beschreiten.

Asperg, im November 2013 *Gabriele Klappenecker*

Erster Teil: Diakonische Bildung auf der Grundlage einer Ethik der Verantwortung

I. Einleitung

Evangelischer Religionsunterricht ist nicht nur Hinführung zum religiösen Bekenntnis und Eingliederung in die kirchliche Gemeinschaft, nicht nur Sache einer Religionsgemeinschaft und ihrer Mitglieder, sondern auch der Schule und ihres gesellschaftsöffentlichen Bildungsauftrags.[1] Seit der Aufklärung des 18. Jahrhunderts hat sich in Theologie und Religionspädagogik auch ein Verständnis von Religion entwickelt, das diese als zugehörig zu einer „sinnbewussten und zielgewissen menschlichen Lebensführung begreift".[2] So hat die Religionspädagogik gute Gründe dafür, darauf zu bestehen, dass das Unterrichtsfach „Religion" als vernünftiger Sachwalter bei der Auseinandersetzung mit der Frage nach einem „gelingenden Leben"[3] und damit einem verantwortungsbewussten Leben gelten kann. Dies leistet Religion in der Schule auch außerhalb des „klassischen" Fachunterrichts, etwa im interdisziplinären Verbund mit einem anderen Fach, oder im Rahmen eines dem diakonisch-sozialen Lernen verpflichteten Schulprojekts.

Das sozialethische Konzept einer „Verantwortlichen Gesellschaft", wie Theodor Strohm sie begreift, ist mit Blick auf soziales Lernen angelegt. „Verantwortliche Gesellschaft" ist gleichermaßen als christlich-ökumenisches, philosophisch-ethisches Prinzip sowie als Gesamtprinzip der Zivilgesellschaft zu verstehen. In dieser Perspektive wird Lernen an staatlichen wie kirchlichen Schulen unter der Christen und Nichtchristen verbindenden Perspektive der Verantwortung möglich. Christlich-ökumenisch lässt sich das Lernen von Verantwortung begründen unter Verweis auf christliche Konzeptionen von Solidarität und Verantwortung; sozialwissenschaftlich unter Verweis darauf, dass der Staat auf die Förderung von Formen gemeinwohlorientier-

---

1 Vgl. Wilhelm Gräb / Thomas Thieme, Religion oder Ethik? Die Auseinandersetzung um den Ethik- und Religionsunterricht in Berlin (Arbeiten zur Religionspädagogik), Göttingen 2010, 234.

2 Gräb/Thieme, Religion oder Ethik? 238.

3 Dies., ebd.

ten Engagements setzen muss, um Freiheit und Frieden zu sichern.[4] Bürgerschaftliches Engagement ist konstitutiv für die Entwicklung und den Bestand eines demokratischen Gemeinwesens.[5] Philosophisch ethisch findet soziales Lernen seine Basis auf der Evidenz des Sollens angesichts der hilfsbedürftigen Mitkreatur.[6] Auf all dem ist die Forderung aufgebaut, gleichwertig mit den Kulturtechniken Lesen, Schreiben und Rechnen auch soziale Kompetenzen zu fördern. Der Umgang mit Sozialem muss zu einem allgemeinen Lernfeld und zu einer universellen Kulturtechnik werden.[7] Dies leistet ‚Religion' auch außerhalb des klassischen Fahrunterrichts. Wege diakonisch-sozialer Bildung auch an staatlichen Schulen zu beschreiten und sie nicht allein den kirchlichen Schulen zu überlassen, ergibt sich als Konsequenz aus einem solchen Ansatz.[8]

Empirische Studien zeigen: Jugendliche thematisieren soziale Konflikt-

---

4 Vgl. Theodor Strohm, Soziales Lernen in der Perspektive der „Verantwortlichen Gesellschaft", in: Helmut Hanisch / Heinz Schmidt (Hg.), Diakonische Bildung. Theorie und Empirie, VDWI 21, Heidelberg 2004 (29–40), 34. Im Folgenden abgekürzt: *Strohm, Soziales Lernen*. Vgl. hierzu Heinz Schmidt, Diakonisches Lernen: Grundlagen, Kontexte und Formen, in: Hartmut Rupp / Christoph Th. Scheilke / Heinz Schmidt (Hg.) Zukunftsfähige Bildung und Protestantismus, FS Eckhart Marggraf, Stuttgart 2002 (155–168), 168.

5 Siehe Wolfgang Huber, Kirche in der Zivilgesellschaft, in: Ders., Kirche in der Zeitenwende. Gesellschaftlicher Wandel und Erneuerung der Kirche, Gütersloh 1999 (267–328), 271. Siehe auch Gottfried Adam, Diakonie und Bildung. Eine Spurensuche zwischen Diakoniewissenschaft und Religionspädagogik, in: Hanisch/Schmidt (Hg.), Diakonische Bildung. Theorie und Empirie, a.a.O. (41–55), 51.

6 Siehe Strohm, Soziales Lernen, 36.

7 Siehe Strohm, Soziales Lernen, 37f.

8 Seit Anfang der 90er Jahre haben kirchliche Schulen damit begonnen, den Jugendlichen Tätigkeiten in Einrichtungen für hilfsbedürftige Menschen zu vermitteln und ihnen Erfahrungen wirksamen Helfens zu ermöglichen. Die Öffentlichkeitsabteilungen diakonischer Einrichtungen haben dementsprechend damit begonnen, gezielte Angebote für Schulen zu machen. Siehe hierzu: Heinz Schmidt, Vom diakonisch-sozialen Lernen zu einer diakonischen Bildung, in: Helmut Beck / Heinz Schmidt (Hg.), Bildung als diakonische Aufgabe. Befähigung – Teilhabe – Gerechtigkeit, Stuttgart 2008 (252–269), 252. Einen umfassenden Überblick kann man sich verschaffen in: Gottfried Adam et al. (Hg.), Unterwegs zu einer Kultur des Helfens. Handbuch des diakonisch-sozialen Lernens, Stuttgart 2006, 56–68. Huldreich David Toaspern, Diakonisches Lernen für Förderschülerinnen und -schüler? Pädagogische und theologische Aspekte zur Überwindung von Subjekt-Objekt-Strukturen im diakonischen Lernen, in: Christoph Gramzow / Heide Liebold / Martin Sander-Gaiser (Hg.), Lernen wäre eine schöne Alternative. Religionsunterricht in theologischer und erziehungswissenschaftlicher Verantwortung, Leipzig 2008, 59–72. Exemplarisch für katholische Schulen sei verwiesen auf das „Compassion-Modell". Eine die wesentlichen Aspekte zusammenfassende Darstellung findet sich in: Lothar Kuld, Religion in Lebenszusammenhängen – soziales und diakonisches Lernen, in: Harry Noormann / Ulrich Becker / Bernd Trocholepczy (Hg.), Ökumenisches Arbeitsbuch Religionspädagogik, Stuttgart 2007, 3. Aufl., 268–270. Siehe auch: Torsten Schulz / Heinz Schmidt, Teilhabe ermöglichen. Diakonische Bildung als Befähigungspädagogik, in: Helmut Beck, Heinz Schmidt, Bildung als diakonische Aufgabe. Befähigung – Teilhabe – Gerechtigkeit, Stuttgart 2008 (105–118), 117. Bärbel Husmann in: Dies., Roland Biewald (Hg.), Diakonie. Praktische und theoretische Impulse für sozial-diakonisches Lernen im Religionsunterricht, Themenhefte Religion Nr. 8, Leipzig 201, 15–18.

lagen und reagieren darauf – oft auch religiös motiviert. Sie suchen nach Selbstbestimmung und nach Gemeinschaft[9]. Damit sich Verantwortung bilden kann, ist es vor allem nötig, Kinder und Jugendliche in der Entwicklung einer theologisch qualifizierten Wahrnehmung zu unterstützen, in der die Letzten sich als die Ersten erweisen und in der die in den Schwachen mächtige Kraft perspektiviert wird. Jedoch genügt es, gemeinde- und religionspädagogisch gesehen, nicht nur, die erheblichen Potentiale Jugendlicher zur Verantwortungsübernahme zur Entfaltung zu bringen. Vielmehr ist dem zur Seite zu stellen, dass Bildungsprozesse anzustreben sind, in denen diakonisches Handeln und dessen Reflexion so initiiert werden, dass Jugendliche auch Verantwortungsübernahme anderer für sie selbst in Anspruch nehmen dürfen und für sich selbst Verantwortung übernehmen können.

Erworbenes Wissen soll sich auf die Wahrnehmung und die Wahrnehmungseinstellung angesichts sozialer Problemlagen auswirken können. Dies ist nur möglich, wenn Theologie und Religion nicht etwas an ein Praktikum in einer diakonischen Einrichtung nur Angeheftetes ist, sondern dann, wenn Verantwortung inhaltlich, vor allem theologisch, in einer die Schülerinnen und Schüler überzeugenden Weise qualifiziert worden ist.

Schule kann ein Ort sein, an dem Verantwortung gelernt und gestaltet wird, wenn dieses Lernen auch in ihrem Curriculum verankert ist und ihre Atmosphäre bestimmt.[10]

Im Folgenden ist der Begriff der Verantwortung daher näher zu erläutern, um ihn dann im Blick auf seine Leistung für diakonische Bildungsprozesse in der Schule zu erschließen.

II. Verantwortung

1. Allgemeines

Der Gedanke der Verantwortung stammt ursprünglich aus dem Bereich des Rechts. „Verantwortung vor“ meint hier die Verantwortung vor einem Richter. Die Übertragung dieses Gedankens in den Bereich der Ethik ist nur möglich geworden durch den Einfluss der christlichen Vorstellung davon, dass Gott der Richter ist, vor dem sich am Ende der Geschichte alle Menschen verantworten, vor dem sie Rechenschaft ablegen müssen. Die Weltge-

---

9 Siehe Thomas Schlag, Horizonte demokratischer Bildung. Evangelische Religionspädagogik in politischer Perspektive, Freiburg/Basel/Wien 2010, 419; siehe auch 423 und 382. Im Folgenden abgekürzt: *Schlag, Horizonte.*

10 Siehe Wolfgang Huber, Zur Einführung: Ist die Schule überhaupt der Ort ...?, in: Anne Sliwka / Christian Petry / Peter E. Kalb (Hg.), Durch Verantwortung lernen: Service Learning: Etwas für andere tun. 6. Weinheimer Gespräch, Weinheim/Basel 2004 (7–11), 9f.

schichte als solche wurde so der grundsätzliche Horizont menschlicher Verantwortung. Die Universalisierung der Verantwortung bindet die christliche Tradition an das Leben des Individuums. Im Gleichnis vom Weltgericht (Mt 25,31–46) erhalten die Taten aller Individuen ihre endgültige Bedeutung, und zwar im Licht der Handlungen aller anderen Individuen. Die Taten eines Menschen werden beurteilt im Hinblick auf seinen Umgang mit der Situation der Bedürftigen, Schwachen, Unterdrückten, Hungrigen, Durstigen, Fremden, unter die Räuber Gefallenen, Kranken und Gefangenen. Christus, der Weltenrichter, befindet darüber, ob der Wille Gottes das Leben prägte und zu einer entsprechenden Verantwortungsübernahme für die Schwachen führte.[11] Wir begegnen dem Weltenrichter, so die christliche Vorstellung, im Zusammentreffen mit den Schwachen. Das Kriterium des Verantwortungsgedankens erklärt unsere Handlungen soweit für gerechtfertigt, als sie vorteilhaft sind für diejenigen, die schwächer sind als wir.[12]

In der protestantischen Rechtfertigungslehre wird der Mensch vor Gott gerecht nicht durch das eigene Tun, sondern nur durch den Glauben an die Versöhnung in Christus. Weil Gott immer schon gnädig und barmherzig ist, muss sich niemand einen barmherzigen und gnädigen Gott verdienen. Die Entdeckung der Gnade Gottes macht frei von den Albträumen der Sorge, frei für die Liebe zu Gott und für den Dienst am Nächsten.[13] Es gehört zum Mensch-Sein dazu, Verantwortung zu übernehmen. Gott hat den Menschen als verantwortungsfähiges Wesen erschaffen und ihn zur Verantwortung berufen. Verantwortung ist „in dem Wissen gegründet, … daß der Mensch als handelndes Subjekt von Voraussetzungen lebt, die er nicht selbst geschaffen hat, sondern die ihm gegeben sind, an deren lebensvoller Geltung er gleichwohl beteiligt ist".[14]

Der Begriff der Verantwortung hat also eine Doppelstruktur: In ihm verbindet sich der Aspekt der „Verantwortung für" mit dem Aspekt der „Verantwortung vor".[15]

„Gott ist die Instanz, der wir Rechenschaft über unser Leben schulden; um dieses Verantwortungshorizontes willen reicht unsere Verantwortung weiter,

---

11 Siehe Huber, Die Aktualität christlicher Freiheit, in: Ders., Kirche in der Zeitenwende. Gesellschaftlicher Wandel und Erneuerung der Kirche, Gütersloh 1999 (163–222), 192.

12 Siehe Huber, Verantwortete Freiheit, in: Ders., Von der Freiheit. Perspektiven für eine solidarische Welt (57–129), 85, München 2012, übersetzt aus dem amerikanischen Englisch von Marc Bergermann. Erstabdruck unter dem Titel: „Towards an Ethics of Responsibility", in: The Journal of Religion, vol. 74, no. 4 (1993), 573–591.

13 Siehe Huber, Die Bedeutung der Reformation – 500 Jahre danach, in: Ders., Verantwortete Freiheit (28–37), 30. Erstabdruck als Festrede zur Eröffnung der Lutherdekade in der Schlosskirche Wittenberg, in: epd-Dokumentation 42 (2008), 10–14.

14 Trutz Rendtorff, Ethik. Grundelemente, Methodologie und Konkretionen einer ethischen Theologie, Bd. 1, Stuttgart 1980, 9.

15 Siehe Wolfgang Huber, Die Aktualität christlicher Freiheit, 182.

als um des individuellen Lebens willen notwendig wäre."[16] Aus Gottes Ruf in die Verantwortung erschließt sich „die Bedeutung mitmenschlicher Welt-Verantwortung".[17]

Evangelische Bildung ist das Resultat biblisch-theologisch gedeuteter Wahrnehmung. Der Begriff der Verantwortung ermöglicht es, die Wahrnehmung so zu qualifizieren, dass die Auseinandersetzung mit der Frage nach dem, was Gottes guter Schöpfung, seinem Befreiungshandeln und seiner Gerechtigkeit entspricht, sich auf die Gestaltung meines individuellen und des gesellschaftlichen Lebens auswirkt. Denn es geht in der Ethik, die sich auf Bonhoeffer bezieht - und auf die die Religionspädagogik ja mit dem Verantwortungsbegriff zurückgreift -, darum, „die Frage nach dem Guten im Horizont der Frage nach einem gemeinsamen Leben und im Horizont der Frage nach einer geschichtlich gewordenen gesellschaftlichen Wirklichkeit zu stellen. Nicht nur die individuelle Lebensführung für sich, sondern der Beitrag der individuellen Lebensführung zur Gestaltung der geschichtlichen Gegenwart ist das Thema der Ethik."[18] Damit ist Ethik als Verantwortungsethik beschreibbar und Sozialethik ist ein Synonym von Verantwortungsethik.[19]

2. *Der doppelte Verweisungszusammenhang des Verantwortungsbegriffs*

Bonhoeffer profiliert den Begriff der Verantwortung in seinen Überlegungen zur Struktur des verantwortlichen Lebens zwischen dem Sommer 1941 und dem Frühjahr 1942. Sein Schritt in die Verschwörung gegen Hitler geht dem voraus. Die Zerstörung der Rechtsordnung durch die NS-Diktatur, die Verbrechen des Zweiten Weltkrieges und die Judenverfolgung bilden den Hintergrund.[20] Die theoriegeschichtliche Situation, die den Übergang zur Verantwortungsethik nötig macht, ist der Abschied von einer schlechten Abstraktion in der Ethik, „die von einem isolierten einzelnen Menschen ausgeht, der sich an einem absoluten Maßstab des Guten orientiert und auf dieser Grundlage beständig zwischen Gut und Böse zu entscheiden hat".[21] Bonhoeffer beharrt darauf, dass der Begriff der Verantwortung theologisch gefasst werden muss. Der Begriff hat es mit einem doppelten Verweisungszu-

---

16 Ders., ebd.

17 Schlag, Horizonte, 522.

18 Wolfgang Huber, Sozialethik als Verantwortungsethik, in: Wolfgang Nethöfel / Peter Dabrock / Siegfried Keil (Hg.), Verantwortungsethik als Theologie des Wirklichen, Göttingen 2009 (74–100), 83f. Im Folgenden abgekürzt: *Huber, Sozialethik.*

19 Siehe Huber, Sozialethik, 83.

20 Im Folgenden beziehe ich mich auf Huber, Sozialethik, und seine Bonhoeffer-Rezeption, bes. 81–89.

21 Huber, Sozialethik, 83.

sammenhang zu tun: Es handelt sich immer zugleich um eine „Verantwortung vor“ und eine „Verantwortung für“. Gott ist das ursprüngliche und letztgültige Forum, vor dem sich der Mensch zu verantworten hat im Jüngsten Gericht. Diejenigen, denen die Verantwortung vor allem gilt, sind die Schwächsten. Ihnen kommt das stellvertretende Handeln derer entgegen, die dazu berufen und befähigt sind.

3. *Verantwortungsübernahme als Stellvertretung*

Nicht nur die Antwortstruktur, sondern auch der Stellvertretungscharakter kennzeichnet Verantwortung. An dieser anthropologischen Wirklichkeit scheitert, so referiert Klappert Bonhoeffer, die Tradition des deutschen Idealismus, gemäß der das Subjekt allen ethischen Verhaltens der selbstbezügliche, selbstbewusste und isolierte Einzelne ist.[22] Leben und Tod Jesu sind als Stellvertretung für uns bestimmt; und so wird auch das darauf antwortende menschliche Leben den Charakter der Stellvertretung tragen. Die Antwortstruktur ist die Reflexion auf die vorgängige Anrede durch Gott. Die Stellvertretungsstruktur ist gekennzeichnet durch die Reflexion darauf, was der andere zum Leben braucht.

Stellvertretung, so macht Huber in Auseinandersetzung mit Bonhoeffer deutlich, ist asymmetrisch. Damit ist ausgesagt: Die Ethik ist nicht auf Gegenseitigkeit fixiert. Vielmehr können in ihr Vorgänge des zuvorkommenden Handelns zum Thema werden. Als Mensch für seine Mitmenschen Verantwortung zu übernehmen bedeutet, so Bonhoeffer: „Der Verantwortliche ist an den konkreten Nächsten in seiner konkreten Wirklichkeit gewiesen. Sein Verhalten liegt nicht von vornherein und ein für allemal, also prinzipiell fest, sondern es entsteht mit der gegebenen Situation.“[23]

Bonhoeffer hat die Struktur der Verantwortung ausgehend von den damals vorherrschenden Gesellschaftsstrukturen aufgezeigt, zieht also Beispiele aus dem Patriarchat heran.

> Stellvertretung, so Bonhoeffer, ist dann gegeben, wenn ein Mensch „... unmittelbar genötigt ist, an der Stelle anderer Menschen zu handeln, also etwa als Vater, als Staatsmann, als Lehrmeister. Der Vater handelt an der Stelle seiner Kinder, indem er für sie arbeitet, für sie sorgt, eintritt, kämpft, leidet. Er tritt damit real an

---

[22] Bertold Klappert, „Alles menschliche Leben ist durch Stellvertretung bestimmt“ (D. Bonhoeffer). Oder: Siehe, das Lamm GOTTes, das die Sünde der Welt (er-)trägt (Joh 1,29), in: Evangelische Theologie, 72. Jahrgang, H.1/2012 (39–63), 59. Im Folgenden abgekürzt: *Klappert, Stellvertretung*. Klappert bezieht sich auf Bonhoeffer, DBW (Dietrich Bonhoeffer Werke), Bd. 6, Gütersloh 1998, 2. Aufl., 256–298.

[23] DBW 6, 260.

> ihre Stelle. Er ist nicht ein isolierter Einzelner, sondern er vereinigt in sich das Ich mehrerer Menschen."[24] „Kein Mensch, der der Verantwortung und das heißt der Stellvertretung überhaupt entgehen könnte. Selbst der Einsame lebt stellvertretend, ja er in qualificierender Weise, da sein Leben stellvertretend für den Menschen schlechthin, für die Menschheit, gelebt wird."[25] „Weil Jesus ... stellvertretend für uns gelebt hat, darum ist alles menschliche Leben durch ihn wesentlich stellvertretendes Leben. Jesus war nicht der Einzelne, der zu seiner eigenen Vollkommenheit gelangen wollte, sondern er lebte nur als der, der in sich das Ich aller Menschen aufgenommen hat und trägt. Sein gesamtes Leben, Handeln und Leiden war Stellvertretung. Was die Menschen leben, handeln und leiden sollten, erfüllte sich an ihm."[26] [...] „Christus wurde Mensch und trug damit stellvertretende Verantwortung für Menschen."[27] [...] Jesus Christus „... will nicht als der einzig Schuldlose auf die unter ihrer Schuld zugrundegehende Menschheit herabsehen ..."[28] „Er will sich nicht von der Schuld freisprechen, in der die Menschen, die er liebt, leben. Eine Liebe, die den Menschen in seiner Schuld allein ließe, hätte nicht den wirklichen Menschen zum Gegenstand. So wird Jesus in der stellvertretenden Verantwortung für die Menschen, in seiner Liebe zum wirklichen Menschen, zum Schuldbeladenen, ja zu dem, auf den zuletzt alle Schuld der Menschen fällt ..."[29]

Wolfgang Huber weist darauf hin, dass Hans Jonas in verblüffender Nähe zu Bonhoeffer die einseitige Verantwortung für das neugeborene Kind als Grundsituation der Verantwortung beschreibt.[30] Verantwortungsübernahme, so wird bei Jonas und Bonhoeffer deutlich, ist nicht ein Akt der Wechselseitigkeit, sondern der Nichtreziprozität. Dies beinhaltet eine Tendenz zum Undemokratischen. Man entgeht, so verstehe ich Huber, der Gefahr der Ideologiesierung, wenn man nicht auf die theologische Fragestellung verzichtet, vor wem man sich letztlich verantwortet und von woher sich menschliche Würde ableitet. Als Schutz vor der Reduktion des Anderen zum Objekt mag folgende Überlegung Hubers hilfreich sein: Es gibt unterschiedliche Zuständigkeiten und Verantwortlichkeiten. Doch auch demjenigen, der in einer schwächeren Position ist, wird die Fähigkeit zu verantwortlichem Handeln zugetraut. Niemand darf auf die Rolle festgelegt werden, ausschließlich Empfänger von Zuwendung zu sein. Auch bei schwerer Krankheit beispielsweise, in der Verantwortung einseitige Fürsorge ist, bleibt

24 DBW 6, 257.
25 DBW 6, 257f.
26 DBW 6, 257f.
27 DBW 6, 259.
28 DBW 6, 232.
29 DBW 6, 232f.
30 Hans Jonas, Das Prinzip Verantwortung. Versuch einer Ethik für die technologische Zivilisation, Frankfurt/M. 1979, 178ff. im Referat von Huber, Sozialethik, 88.

das Bewusstsein erhalten: Der andere, für den ich sorge, ist „ein mit Würde begabtes und deshalb zur Verantwortung berufenes Wesen".[31]

Der Gedanke der Asymmetrie sei nochmals aufgegriffen, um ihn umzukehren: Es gibt auch dahingehend eine Asymmetrie, dass derjenige, dem geholfen wird, plötzlich der Stärkere ist. Der vermeintlich Schwächere kann plötzlich sich als der Stärkere erweisen. Viele Menschen in helfenden Berufen sagen, dass ein Patient, eine Patientin den Helfenden neue, stärkende Perspektiven auf eine gegenwärtige Lebenssituation geben kann und so zum Helfer oder zur Helferin werden. Auch Schüleräußerungen in Praktikumsberichten beinhalten manchmal diese Einsicht.

Verantwortung als Stellvertretung geht für Bonhoeffer zunächst hervor aus jenen anthropologischen Verhältnissen, in der der Mensch unmittelbar genötigt ist für andere einzutreten. Dies machen seine – wenn auch, wie gesagt, aus dem Patriarchat stammenden – Beispiele deutlich: Der Vater handelt stellvertretend für seine Kinder, indem er für sie arbeitet und sorgt. Er kann seiner stellvertretenden Verantwortung nicht ausweichen durch die infolge seiner Vaterschaft gegebene Verantwortlichkeit. Nun zeigen ethische Konzepte, so betont Klappert, dass man durchaus eine *„Ethik der Selbstdurchsetzung und Selbstbehauptung"*[32] vertreten kann gegen eine Ethik der Verantwortung.[33] Weil Bonhoeffer, so Klappert, deren brutale, menschenverachtende und inhumane Praxis vor Augen hatte, folgt bei ihm für die Geltung „... seiner universal-anthropologischen These die partikular-christologische Begründung seiner allgemein formulierten Einsicht in die Struktur des verantwortlichen Lebens".[34] Jesus war nicht der Einzelne, der zu einer eigenen Vollkommenheit gelangen wollte."[35] In seiner Stellvertretung, „... die seine menschliche Existenz ausmacht, ist er der Verantwortliche schlechthin. Weil er das Leben ist, ist durch ihn alles Leben zur Stellvertretung bestimmt."[36]

Aus Bertold Klapperts Reflexion dieser christologischen Grundlegung einer Ethik der Stellvertretung ist nun mit Blick auf diakonisch-soziale Bildung besonders relevant: „Stellvertretung benennt ein fundamentales anthropologisches Axiom."[37]

---

31 Huber, Die Aktualität christlicher Freiheit, in: Ders., Kirche in der Zeitenwende. Gesellschaftlicher Wandel und Erneuerung der Kirche, Gütersloh 1999 (163–222), 184.

32 Klappert, Stellvertretung, 59.

33 Siehe Klappert, Stellvertretung, 59. Klappert bezieht sich hier auf Hans Jonas' Kritik an derartigen ethischen Konzepten und nennt: Hans Jonas, Das Prinzip Verantwortung. Versuch einer Ethik für die technologische Zivilisation, Frankfurt/M. 1979. Kursivdruck wie Original.

34 Klappert, Stellvertretung, 59.

35 DBW 6, 257f.

36 DBW 6, 258.

37 Klappert, Stellvertretung, 59.

Jesus als der Christus repräsentiert in sich „das Ich aller Menschen", so Bonhoeffer. Klappert kann vor dem Hintergrund seiner Bonhoeffer-Interpretation sagen: Jesus Christus „*‚trägt*' das Ich aller Menschen"[38]. So kann er „... dann auch deren Sünden ‚(weg)tragen' (Joh 1,29)"[39].

Es ist also *alles* menschliche Leben durch Stellvertretung bestimmt. Dies kann christologisch und anthropologisch gedeutet werden. Christologisch gesehen ist das ganze menschliche Leben Jesu, also sein Verkündigen, Heilen, Leiden und seine Hinrichtung am Kreuz bestimmt durch Proexistenz und Hingabe. Anthropologisch meint dies, „... dass *alles menschliche Leben*, ... das Leben der Christenmenschen und zuletzt auch aller Menschen, zur verantwortlichen Stellvertretung für und zur solidarischen Stellvertretung mit allem von Gott geschaffenen Leben bestimmt ist"[40].

Vor allem der letzte Aspekt des von Klappert gedeuteten Bonhoeffer-Dictums ist im Blick auf die verantwortungsethische Konzeptionierung diakonisch-sozialer Bildung von Bedeutung: Es gibt also nicht nur eine christologische, sondern auch eine anthropologische Lesart des Stellvertretungsgedankens: Christologisch gelesen besagt Stellvertretung, dass Jesus Christus „für uns gestorben" ist. In Zusammenhängen, in denen es nicht um Sünde oder Schuld geht, sondern um Liebe als die Bereitschaft, für einen anderen Menschen da zu sein, scheint nun die anthropologische Lesart auf: Jeder Mensch ist auf liebende oder wenigstens solidarische Stellvertretung angewiesen. Sie ist notwendig und doch so wenig selbstverständlich.[41] Wenn Stellvertretung Sache aller Menschen ist, dann ist es eine allgemeinpädagogische, die religionspädagogische einschließende Aufgabe, die Entwicklung von Kompetenzen zur Wahrnehmung dieser Form der Verantwortungsübernahme zu fördern.

Man kann unterscheiden zwischen der Relation der „Verantwortung vor" und derjenigen der „Verantwortung für". Beide hängen aber zusammen. Als konstitutiv ist die Grunderfahrung der Rechtfertigung zu nennen. Verantwortungsübernahme kann eine asymmetrische Beziehung beschreiben.

Bildung zur Verantwortung ist eine allgemeinpädagogische Aufgabe, weil Verantwortung, insbesondere Stellvertretung, ein „fundamentales anthropologisches Axiom" (Klappert) ist. Bildung zur Verantwortung kann im Anschluss an Wolfgang Huber beschrieben werden als Fähigkeit, in Kenntnis insbesondere des biblisch-christlichen Gerechtigkeits- und Schöpfungsverständnisses, geschichtliche Gegenwart wahrzunehmen und zu gestalten.

---

38 Klappert, Stellvertretung, 60. Kursivdruck wie Original.

39 Klappert, Stellvertretung, 60.

40 Klappert, Stellvertretung, 63. Kursivdruck wie Original.

41 Siehe Wilfried Härle, Dogmatik, Berlin / New York 2000, 2. Aufl., 324f.

III. Diakonische Bildung

1. Leitende Fragen

Was leistet der so beschriebene Begriff der Verantwortung im Blick auf die Aufgabenbestimmung von Diakonie und auch von Diakoniedidaktik? Wie kann er in Lernprozessen im Unterricht und außerhalb des Unterrichts beitragen zu einem Können und Wissen, welches sich auf die Gestaltung der geschichtlichen Gegenwart auswirkt? Worin liegt seine besondere Stärke, vor allem dann, wenn die Lehrperson sich mit kirchlich kaum sozialisierten Schülerinnen und Schülern ins Gespräch begibt?

2. Verantwortung in diakonischer und diakoniedidaktischer Perspektive

2.1 Allgemein

Der Verantwortungsbegriff kann dabei helfen, die Motive des diakonischen Handelns zu klären und dies auch im interdisziplinären Gespräch – etwa mit den Sozialwissenschaften. Theologie kann keine direkten Handlungsanweisungen geben, wohl aber „Modelle zur Wahrnehmung von Not und zur Praxis des Helfens aus dem Fundus der christlichen Tradition" geben.[42] Kirchengeschichtliche Epochen und christliche Traditionen inspirieren zur Verantwortungsübernahme – für sich selbst und für andere.[43]

Was geschieht, wenn man den Begriff der Verantwortung einbindet in die Intention diakonischer Bildung? Die grundlegende Intention diakonischer Bildung besteht ja darin, einen Zugang zu einem substantiellen Diakonieverständnis zu ermöglichen. Diakonische Bildung will dazu befähigen, ein eigenes diakonisches Selbstverständnis zu entwickeln, diakonische Praxis zu reflektieren und diese zu gestalten. „*Diakonische Bildung ist Seh- und Deutehilfe für das Diakonische*"[44].

Das Diakonische wiederum, von der substantiellen Zielrichtung her gefasst, ist das Gemeinwohl, die Teilhabe aller daran, ist eine Kultur der Barmherzigkeit und des Helfens.[45] Kirche – und damit auch Diakonie – ist Ge-

---

[42] Martin Horstmann, Das Diakonische entdecken. Didaktische Zugänge zur Diakonie. Veröffentlichungen des Diakoniewissenschaftlichen Instituts, Bd. 46, Heidelberg 2011, 171. Im Folgenden abgekürzt: *Horstmann, Das Diakonische entdecken.*

[43] Vgl. Horstmann, Das Diakonische entdecken, 255.

[44] Ders., Das Diakonische entdecken, 201. Kursivdruck wie Original.

[45] Siehe Horstmann, Das Diakoninisch entdecken, 170.

meinschaft der Teilhabe und der Teilgabe[46]: Kirche ist Leib Christi. Danach stellt die Tischgemeinschaft beim Abendmahl die Grundstruktur der Kirche dar. Die Gemeinschaft entsteht durch Teilhabe an dem einen Brot und bewährt sich in der Verantwortung füreinander. Im „Wort der Diakonischen Konferenz zum Europäischen Jahr 2010 zur Bekämpfung von Armut und sozialer Ausgrenzung"[47] werden zehn konkrete Schritte auf dem Weg zu einer gerechten Gesellschaft genannt, die sich dadurch auszeichnet, dass alle Menschen an der Gesellschaft und ihrem Wohlstand teilhaben können.

> Ein besonderes Augenmerk wird in diesem Wort auf Kinder und Jugendliche gerichtet, denen gute Bildungs- und Betreuungsmöglichkeiten von Anfang an zu geben sind. Behinderten Menschen, so wird weiter gefordert, ist ein wohnortnaher und barrierefreier Zugang zu einer erschwinglichen gesundheitlichen Versorgung zu gewährleisten. Flüchtlingen ist eine Grundsicherung und soziale Unterstützung, Integration in existenzsichernde Arbeit zu gewährleisten. Auch die Auseinandersetzung mit weltweiten Armutsphänomenen und mit Strategien zur Bekämpfung von Armut und Ausgrenzung werden als dauerhafte Aufgabe für diakonisches Handeln angesehen.

Eine recht weite Definition des Bildungsauftrags der Diakonie lautet, „den christlichen Glauben und das von ihm bestimmte helfende Handeln als Lebensmöglichkeit und Chance für die Gesellschaft zur Geltung zu bringen".[48] „Diakonisches Lernen ist der Name für ein pädagogisches Konzept des christlich verantworteten solidarischen Lernens".[49] Die Bildungsintention der Diakonie zielt darauf, „das Gemeinwesen über die Grenzen von Kulturen solidarisch zu gestalten."[50] Die Gemeinwesendiakonie geht aufgrund ihres umfassenden Interesses für die Menschen und ihre Probleme über die Grenze kirchlicher und diakonischer Einrichtungen hinaus.[51] Sie arbeitet

---

46 Siehe Diakonie Deutschland (Hg.), Diakonie Texte, Diakonie-Texte. Positionspapier „Handlungsoption und Gemeinwesendiakonie" 2007, 12. http://www.diakonie.de/122007-handlungs-otion-gemeinwesendiakonie-1643.html12.

47 Siehe: Wort der Diakonischen Konferenz zum Europäischen Jahr 2010 zur Bekämpfung von Armut und sozialer Ausgrenzung, in: http://www.diakonie.de/diakonie-news-188-es-soll-kein-armer-unter-euch-sein-7321.htm Abruf am 16.9.2011.

48 Christoph Schneider-Harpprecht, Diakonische Bildung als Befähigung zur Teilhabe, in: Helmut Beck / Heinz Schmidt, Bildung als diakonische Aufgabe, a.a.O. (119–128), 127.

49 Annette Noller, Art.: „Diakonie und Bildung", in: Klaus Dieter Kottnik / Eberhard Hauschildt (Hg.), Diakoniefibel. Grundwissen für alle, die mit Diakonie zu tun haben, Gütersloh 2008 (37–41), 38.

50 Noller, Art.: „Diakonie und Bildung", 41.

51 Siehe Arnd Götzelmann, Art. „Gemeinwesen", in: Kottnik/Hauschildt (Hg..), Diakoniefibel. a.a.O., 66–70. Den Begriff „Gemeinwesen", so Götzelman, findet man in keinem Wörterbuch. Er hat eine *rechtlich-politische Dimension* (staatliche und gesellschaftliche Verwaltungseinheiten, Gebietskörperschaften, Rechtsgebilde), eine *räumlich-geographische* (Territorium eines Dorfes, Stadtteils, einer Stadt oder ähnlicher räumlicher Einheiten) und eine *soziale oder funktionale Dimension* (Gemeinschaft, die sich z. B. aufgrund gemeinsamer Traditionen oder gewachsener

daran mit, „funktionierende Sozialräume zu gestalten und Notlagen präventiv zu verhindern“[52], sie sucht „der Stadt Bestes“ (Jer 29,7) und sie leitet ihr Handeln daraus ab, dass Diakonie eine „Wesens- und Lebensäußerung der Kirche“[53] ist. Diakonisches Handeln leistet einen Beitrag zu einer „verantwortlichen, gerechten und solidarischen Gemeinschaft“.[54]

Die Kirche ist mit keiner erfahrbaren Sozialgestalt identisch. Sie ist „immer Gemeinschaft leibhaft kommunizierender Menschen *und* unverfügbare Wirkung des Geistes“.[55] In Wortverkündigung, Taufe und Abendmahl sind jene elementaren Lebensäußerungen von Christinnen und Christen verankert, die auf eine wirksame Sozialgestaltung zielen.[56]

In Korrespondenz zur Wortverkündigung, die auf ein personales Bildungsgeschehen zielt, steht die Teilnahme an den *Bildungsprozessen* der Gesellschaft.

In Korrespondenz zur Taufe, die die unverlierbare Würde eines jeden Menschen symbolisiert, steht die Teilnahme am *Gerechtigkeitshandeln* und an der Rechtspraxis der Gesellschaft.

In Korrespondenz zur Feier des Abendmahls schließlich, welche das Solidaritätsethos der christlichen Gesellschaft zum Ausdruck bringt, steht die *Praxis solidarischer Hilfe.*

Strukturen gebildet hat). In der Gemeinwesenarbeit spielen bürgerschaftliches Engagement und Ehrenamt eine große Rolle.

52 Diakonie Deutschland (Hg.), Diakonie-Texte. Positionspapier „Handlungsoption *Gemeinwesendiakonie*“ 12. 2007, 25. http://www.diakonie.de/122007-handlungsoption-gemeinwesendiakonie-1643.html

53 Siehe Art. 15 Abs. 1 GO. EKD. Es sei hier auf den Entstehungshintergrund dieser Formel eingegangen: Im 19. Jahrhundert entwickelten sich die Innere Mission und die verfasste Kirche als zwei gesonderte Säulen. Durch die Vereinsform unterstand die Innere Mission anderen Rechtsvorgaben als die Kirche. Weitere Eigenheiten gegenüber der verfassten Kirche werden durch Folgendes markiert: Die Zuordnung zum sozial-staatlichen Netz seit der Weimarer Republik, die Rolle als Verband der freien Wohlfahrtspflege und die Professionalisierung helfenden Handelns. Als die Nationalsozialisten versuchten, die Innere Mission zu verdrängen, wurden deren Einrichtungen zum rechtlichen Bestandteil der Kirche erklärt mit eben der Begründung: „Die Innere Mission ist Wesens- und Lebensäußerung der evangelischen Kirche.“ Nach 1945 wurde diese Formel wegweisend. So wurde unter anderem theologisch anerkannt, dass die Diakonie zum Wesen der Kirche gehört. Gerhard K. Schäfer, Art. „Diakonie und Kirche“, in: Klaus Dieter Kottnik / Eberhard Hauschildt (Hg.), Diakoniefibel. Grundwissen für alle, die mit Diakoniezu tun haben, Gütersloh 2008 (32–36), 33.

54 Arnd Götzelmann, Art.: „Gemeinwesen“, in: Kottnik/Hauschildt, Diakoniefibel, a.a.O. (66–70), 69.

55 Hans-Richard Reuter, Der Begriff der Kirche in theologischer Sicht, in: Ders., Botschaft und Ordnung. Beiträge zur Kirchentheorie, Leipzig 2009 (13–55), 34. Kursivdruck wie Original.

56 Siehe Hans-Richard Reuter, Kirchenspezifische Anforderungen an die privatrechtliche berufliche Mitarbeit in der evangelischen Kirche und ihrer Diakonie. Theologisches Gutachten zum Entwurf einer „Loyalitätsrichtlinie“ des Rates der Evangelischen Kirche in Deutschland, in: Ders., Botschaft und Ordnung. Beiträge zur Kirchentheorie, Leipzig 2009 (185–222), 200f. Dieser Abschnitt beinhaltet eine Paraphrase der Darstellung Reuters. Die kursiv gedruckten Begriffe stellen eine wörtliche Wiedergabe dar.

In ihrem Bildungs-, Gerechtigkeits- und Hilfehandeln, so Reuter, tut die Christenheit etwas, was auch von Nichtchristen und gemeinsam mit ihnen getan werden kann.

Konzipiert man Kirche als „Kirche für andere“ (D. Bonhoeffer), ist die Teilnahme der Diakonie an der gesamtgesellschaftlichen Sozialversorgung berechtigt. Nur zusammen mit anderen sozialen Kräften und Gruppen kann sich die Kirche für breite Lernprozesse öffnen, so dass in der Gesellschaft eine Kultur des Sozialen wachsen kann;[57] das heißt auch: eine Kultur der Verantwortungsübernahme.

2.2 Zwei grundlegender Modelle der Didaktik, die das Verantwortungslernen fördern

2.2.1 Einführung

Man kann den Diakonie-Begriff erhellen durch Perspektivierung des *Kontextes* von Diakonie, durch ihre Strukturierung nach *Typen*, oder aber, indem man ihre *substantielle Zielrichtung* betrachtet:[58]

Unter einem *Kontext* kann man beispielsweise verstehen: die kirchliche Sozialarbeit, die Aktivität einer Kirchengemeinde oder die theologische Reflexion. In diesem letztgenannten Kontext kennzeichnet Diakonie ein hermeneutisches Prinzip.

Man kann darüber hinaus *Diakonie-Typen* identifizieren: Es kann sich etwa um regionale Diakonische Werke, Fachverbände, Basisgemeinschaften oder Gruppen und Initiativen handeln.

Auch die *substantielle Zielrichtung* von Diakonie kann perspektiviert werden, beispielsweise das Gemeinwohl, die Befähigung zur Teilhabe, eine Kultur der Barmherzigkeit, des Helfens und der Verantwortungsübernahme.

Bildung, so die Denkschrift der EKD, ist zu sehen als „Zusammenhang von Lernen, Wissen, Können, Wertbewusstsein, Haltungen (Einstellungen) und Handlungsfähigkeit im Horizont sinnstiftender Deutungen des Lebens.“[59]

---

57 Diakonie-Texte. Positionspapier „Handlungsoption Gemeinwesendiakonie“, 12.2007, 26. Es wird an dieser Stelle verwiesen auf: Theodor Strohm, „Wichern III“: Die neue Kultur des Sozialen, in: ZEE 42, 1998, 171–175.

58 Diese Einteilung übernehme ich von Martin Horstmann. Es handelt sich um eine unveröffentlichte Powerpoint-Präsentation vom 6. Mai 2011 im Evangelischen Schulwerk Baden und Württemberg.

59 Kirchenamt der EKD (Hg.), Maße des Menschlichen. Evangelische Perspektiven zur Bildung in der Wissens- und Lerngesellschaft. Eine Denkschrift, Gütersloh 2003, 66.

Diakonische Leitbegriffe wie Verantwortung, Menschenwürde, Gerechtigkeit, Nächstenliebe und Solidarität sind mit den Schülerinnen und Schülern theologisch zu reflektieren, sozialwissenschaftlich zu befragen, und beides ist auch im Blick auf die zivilgesellschaftliche Reichweite dieser Begriffe vorzunehmen. Die Praxisphase muss nicht notwendig nur in einer explizit diakonischen Einrichtung stattfinden.

Im Folgenden sollen zwei Lernmodelle skizziert werden, um sie anschließend auf ihre Leistung für eine Didaktik des Verantwortungslernens zu überprüfen.

2.2.2 *Darstellung beider Modelle*

Es gibt zwei etablierte Lernmodelle, das *situated learning* und das *service learning*[60], die diesen Grundansatz unterstützen können. Letzteres ist leider hinsichtlich seines diakonischen Bildungspotentials noch nicht genügend beachtet worden.[61]

Das *situated learning* ist von der Grundeinsicht getragen, dass Wissen nur bedeutungsvoll ist, wenn es an ursprüngliche Lernsituationen gebunden, in ihnen situiert bleibt. In einem diakonischen Bildungsinteresse ermöglicht man beispielsweise am Evangelischen Schulzentrum Michelbach, einer kirchlichen Schule, Schülerinnen und Schülern ein Praktikum an einem von der Diakonie getragenen Krankenhaus und leitet sie dazu an, sich mit dessen Ethos des Helfens auseinanderzusetzen.

Beim *service learning* ist ebenfalls die Einsicht leitend, dass Wissen durch Situierung bedeutsam wird.[62] Jedoch werden Situationen nicht primär als institutionell, d. h. nicht als durch spezifische Gemeinschaften definiert verstanden. Die Übernahme von Verantwortung wird nicht nur im sozialen Sektor erlernt, sondern etwa auch im kulturellen oder ökologischen. Beispielsweise können Schülerinnen und Schüler im Rahmen eines Projektes ihres Gymnasiums eine Naturwissenschaftsausstellung zum Anfassen organisieren und in verschiedenen Grundschulen damit „auf Tournee“ gehen.[63]

---

60 Siehe hierzu auch Schmidt, Vom diakonisch-sozialen Lernen zu einer diakonischen Bildung, 263–266.

61 Zum folgenden Abschnitt dieses Kapitels siehe auch Gabriele Klappenecker, Diakonische Bildung an staatlichen Schulen. Ein Projekt des Evangelischen Schulwerkes in Württemberg, in: Christian Oelschlägel (Hg.), Diakonische Einblicke, DWI-Jahrbuch Bd. 41 (2010), Heidelberg 2011, 248–262.

62 Schmidt, Vom diakonisch-sozialen Lernen zu einer diakonischen Bildung, 264.

63 Anne Sliwka, Service Learning: Verantwortung in Schule und Gemeinde. Beiträge zur Demokratiepädagogik. Eine Schriftenreihe des BLK-Programms „Demokratie lernen & leben“, hg. von Wolfgang Edelstein / Peter Fauser, Berlin 2004, 2f. Weitere Literatur zum *service learning* mit

Schülerinnen und Schüler sollen in ihrem Umfeld soziale Probleme oder Bedürfnisse identifizieren, dafür Projekte entwickeln, sich auf Zeit für andere engagieren und in authentischen Lebenssituationen Verantwortung für andere übernehmen. Die Organisationsform ist offen.[64] Das *service learning* kann im Gegensatz zum *situated learning* fächerübergreifend organisiert sein. Leider erfährt das *service learning* in der evangelischen Theologie noch eine zu geringe Aufmerksamkeit. Es wird vor allem hinsichtlich seiner allgemeinpädagogischen Bedeutung beachtet, wie zum Beispiel mit dem Blick darauf, dass es sich zur Stärkung des Selbstwertgefühls eignet, eine gesellschaftskritische Haltung zu überprüfen hilft oder den in der PISA-Studie beklagten negativen Lernleistungen entgegenwirkt.[65] Thomas Schlag allerdings würdigt die von der Demokratiepädagogik etablierten Initiativen zum *service learning* in dem Interesse, sich an ihr als Bezugsgröße für die *Religionspädagogik*, und zwar in politischer Perspektive, zu orientieren.[66] Er bezieht sich auf „Demokratie lernen & leben“, ein Schulentwicklungsprogramm, bei dem Bund und Länder im Rahmen der BLK (Bund-Länder-Kommission für Bildungsplanung und Forschungsförderung) zusammenwirken. Es soll durch die Demokratisierung von Unterricht und Schulleben die Bereitschaft junger Menschen zur aktiven Mitwirkung an der Zivilgesellschaft fördern.[67] Das Programm lief von den Jahren 2002 bis 2007. Zwanzig der an diesem Programm beteiligten Schulen haben ein Angebot unter dem Titel *service learning* initiiert. Eine Forschungslücke stellt nun die Frage dar, inwiefern auch das *service learning* - nicht nur das *situated learning* - eine Bezugsgröße für eine Religionspädagogik sein kann, die diakonische Bildungsprozesse zu initiieren beabsichtigt.

2.2.2.1 Vertiefung: service learning

Die Grundidee des *service learning* stammt aus Nordamerika. Dort wird es verstanden als eine Methode, mit deren Hilfe junge Menschen durch die Arbeit in geplanten Projekten in und für eine Gemeinde (community) ler-

---

Projektbeschreibungen findet sich auf der Homepage der Freudenberg-Stiftung, abrufbar unter: www.freudenbergstiftung.de.
Siehe auch: http://www.freudenbergstiftung.de/de/schluesselprogramme/lernen-durch-engagement/lernen-durch-engagement.html.

64 Siehe Schmidt, Vom diakonisch-sozialen Lernen zu einer diakonischen Bildung, 265.

65 Siehe Isa Breitmaier, Evangelischer Religionsunterricht mit diakonischer Ausrichtung, in: Alexa Köhler-Offierski / Richard Edtbauer (Hg.), Evangelisch Diakonisch (Evangelische Hochschulperspektiven 4), Freiburg 2008 (181–193), 191; Hartmut Rupp / Angela Knapp / Christoph Dammann, Diakonisch-soziales Lernen, Service Learning und gesellschaftliche Verantwortung, in: Gottfried Adam et al. (Hg.), Unterwegs zu einer Kultur des Helfens, a.a.O. (56–68), 57.

66 Siehe Schlag, Horizonte, 450–455.

67 Siehe. http://blk-demokratie.de/index (Zugriff: 6.4.2010); Schlag, Horizonte, 450.

nen.[68] Unter einer „community" ist sehr viel mehr zu verstehen als das, was der deutsche Begriff „Gemeinschaft" besagt: „Zur ‚community' kann jeder, unabhängig von ethnischer und kultureller Herkunft, Alter oder Geschlecht gehören; Voraussetzung ist, dass er oder sie sich an der Gemeinschaft der Bürger und Bürgerinnen beteiligt, die über gemeinsame Dinge miteinander planend sprechen.[69] Denn der Begriff „community" – der Begriff ist semantisch verwandt mit „communication" – konstituiert sich über das Medium der Sprache.[70] *Service learning* leitet sich ab aus der Konzeption einer „starken Demokratie".[71] In einer solchen werden, im Sinne von John Dewey (1859–1952), Probleme im eigenen Umfeld mit anderen Bürgerinnen und Bürgern gemeinsam gelöst. Ausgehend vom reformpädagogisch ausgerichteten „Progressivist Movement" zu Beginn des 20. Jahrhunderts hat sich an vielen nordamerikanischen Schulen eine Kultur der Kooperation zwischen Schule und „community" entwickelt. Die Grundidee besteht darin, dass Bürgerinnen und Bürger in einem freien Staat auf die wechselseitige Übernahme von Verantwortung angewiesen sind. Weniger die soziale Wohlfahrt als die Reziprozität in Dingen des Gemeinwohls steht im Vordergrund. Demokratische Rechte sind nicht tragfähig ohne demokratische Pflichten.[72] *Service learning* ist den ursprünglichen Zielen der amerikanischen Bildungsphilosophie verpflichtet, nämlich der „Vermittlung von demokratischen, staatsbürgerlichen und partizipatorischen Werten".[73]

Während der ersten beiden Drittel des 20. Jahrhunderts entstanden in den U.S.A. einzelne Initiativen zur Entwicklung des *service*-Gedankens in der Schule; erst seit Mitte der 80er Jahre vernetzen sich diese Einzelinitiativen zu Gunsten einer Bewegung für *service learning*. Neue Gesetze bildeten die Grundlage zur Entwicklung von Förderprogrammen und Trainingsangeboten in den Bundesstaaten und Kommunen der U.S.A. Inzwischen gibt es, angestoßen durch weitere Gesetze, in allen 50 Bundesstaaten Programme zum *service learning*.[74]

---

68 Siehe Sliwka, Service Learning, 2.

69 Dies., Service Learning, 5.

70 Dies., Service Learning, 4f. Sliwka bezieht sich u. a. auf John Dewey, Democracy and Education. An Introduction to the Philosophy of Education (1916), New York 1966.

71 Anne Sliwka / Susanne Frank, Service Learning. Verantwortung lernen in Schule und Gemeinde, Weinheim/Basel 2004, 11. In diesem Abschnitt referiere ich Sliwkas Darstellung.

72 Siehe Anne Sliwka, „Freiwillig hätte ich das nie gemacht, jetzt würde ich das sofort wieder tun": Erfahrungen mit Service Learning an deutschen Schulen, in: Dies. et al., Durch Verantwortung lernen, a.a.O. (32–57), 34f.

73 Andrew Furco, „Zufriedener, sozialer, sensibler und motivierter": Hoffnungsvolle Ergebnisse in den U.S.A., in: Anne Sliwka / Christian Petry / Peter E. Kalb (Hg.), Durch Verantwortung lernen: Service Learning: Etwas für andere tun. 6. Weinheimer Gespräch, Weinheim/Basel 2004 (12–31), 19.

74 Siehe Anne Sliwka, „Freiwillig hätte ich das nie gemacht", 39f.

Nur langsam hat sich das *service learning* im deutschen Schulsystem zu etablieren begonnen; das liegt auch an den Rahmenbedingungen. Traditionell war die Teamarbeit an deutschen Schulen nur wenig entwickelt im Vergleich zum angloamerikanischen Schulsystem.[75]

Ein im Herbst 2001 von Anne Sliwka initiiertes Pilotprojekt machte es insgesamt zehn Schulen möglich, acht Monate lang die Ansätze des *service learning* auszuprobieren. In Schulen verschiedenen Typs im ländlichen und städtischen Raum mit Schülerinnen und Schülern aus der 6. bis zur 11. Klasse wurde u. a. zu folgenden Themen erfolgreich und für alle Beteiligten gewinnbringend gearbeitet: „Alt und Jung – Generationendialog"; „Lösungsansätze für das Problem des Algenbefalls im Zoo"; „Projekt Verantwortung: Schüler übernehmen Verantwortung in Projekten in der Stadt".[76] Weitere wichtige Meilensteine nach dem Pilotversuch wurden bald darauf gesetzt.[77]

Beim *service learning* liegt der Schwerpunkt sowohl auf dem fachlichen Lernen als auch auf dem Engagement der Schülerinnen und Schüler.[78] Beides steht miteinander in Verbindung.

---

75 „Es fehlte an Zeiten und Räumen für die gemeinsame Schulprogrammarbeit und das Gestalten einer pädagogischen Schulkultur." So Sliwka in ihrer Darstellung der Entwicklung des *service learning* in Deutschland, in: Dies., „Freiwillig hätte ich das nie gemacht", 39.

76 Zur genauen Darstellung siehe Sliwka, „Freiwillig hätte ich das nie gemacht", 40ff.

77 Es seien, in Auswahl, genannt: 2002–2007: Bund-Länder-Programm „Demokratie lernen und leben": Rund 200 Schulen aus 13 Bundesländern beteiligen sich. Das *service learning* ist wesentliche Säule des Programms. 2003: Das *service learning* wird erstmals in Deutschland an einer Hochschule, der Universität Mannheim, als Lehr- und Lernform eingesetzt. 2005: Start des Modellversuchs „Service Learning als Element der beruflichen Integration im Berufsvorbereitungsjahr" am staatlichen Seminar für Didaktik und Lehrerbildung Karlsruhe. 2006: Gründung des Netzwerks „Service Learning – Lernen durch Engagement" (LdE). Es handelt sich um den Zusammenschluss von Schulen und gesellschaftlichen Akteuren in Deutschland, die sich für die Weiterentwicklung von *service learning* an Schulen einsetzen. 2009: Gründung des Netzwerkes „Bildung durch Verantwortung". Es handelt sich um einen Zusammenschluss von Hochschulen, die *service learning* und bürgerschaftliches Engagement in die Hochschulbildung integrieren. 2010: Kabinettsbeschluss: Die Bundesregierung prüft, wie die Verbreitung und Implementierung von *service learning* im Bildungssektor gefördert werden kann. 2012: Das Bundesministerium für Familie, Senioren, Frauen und Jugend finanziert (für 3 Jahre) in Kooperation mit der Freudenberg Stiftung eine bundesweite Schulbegleiterausbildung, um das Netzwerk Lernen durch Engagement auszuweiten und Schulen bei der Umsetzung des *service learning* zu unterstützen. Siehe hierzu, auch für einen detaillierteren Überblick über die Entwicklung des *service learning* in Deutschland, in: Anne Seifert, Sandra Zentner, Franziska Nagy, Praxisbuch Service Learning, „Lernen durch Engagement" an Schulen, Weinheim/Basel 2012, 224.

78 Siehe Anne Seifert / Sandra Zentner, Service Learning – Lernen durch Engagement: Methode, Qualität, Beispiele und ausgewählte Schwerpunkte. Eine Publikation des Netzwerkes Lernen durch Engagement. Weinheim: Freudenberg Stiftung 2010, 15f.

Sliwka nennt u. a. folgende Beispiele[79]:

- Hauptschüler befassen sich mit Zuwanderung und werden Mentoren für jüngere Migrantenkinder.
- Realschüler behandeln das Thema „Ökosysteme" und legen einen Naturlehrpfad für ihre Gemeinde an.
- Gymnasialschüler lernen physikalische Prinzipien und entwickeln daraus Mitmach-Experimente für Kindergartenkinder.

Sechs Merkmale sind wesentlich für das Lernen durch Engagement[80]:

1. Lösung eines realen Bedarfs

Schülerinnen und Schüler reagieren auf einen realen Unterstützungsbedarf. Es ist bereits Teil des LdE, einen realen Bedarf für ein Engagement im Dienst des Gemeinwohls auf dem Weg einer gemeinsamen Recherchephase von Lernenden und Lehrenden zu entdecken. Wenn die Schülerinnen und Schüler etwas als „ihre" Aufgabe begriffen haben, dann wird von vornherein verhindert, dass sie als günstige Hilfskräfte oder Belastung empfunden werden oder sich selbst empfinden. LdE wird als sinnvoll erlebt, wenn die Lernenden in die Auswahl, die Analyse und in die mögliche Lösung eines Problems eingebunden werden.

2. Curriculare Anbindung

Schülerinnen und Schüler sollen die praktische Anwendbarkeit von schulischem Wissen erfahren und umgekehrt die Chance haben, mit ihren Erfahrungen den Unterricht bereichern zu können. Das in der Schule erworbene Wissen wird in einen Kontext gesetzt. Rein abrufbares Wissen wird zu verstandenem, transferfähigem Wissen. Mit der Anbindung an den regulären Fachunterricht können auch Schülerinnen und Schüler erreicht werden, die sich, etwa weil ihr Selbstwertgefühl nicht besonders ausgeprägt ist, außerhalb der Schule nicht freiwillig engagieren würden.

3. Reflexion

Reflexion verbindet persönliche Erfahrungen im Engagement mit dem schulischen Lernen. Gezielte, das Nachdenken anregende Fragen machen den

[79] Siehe Anne Sliwka, Powerpoint-Präsentation im Kultusministerium Stuttgart am 28.11.12 (unveröffentlicht) aus Anlass eines Round-Table-Gespräches zum *service learning* im Kultusministerium Stuttgart, initiiert von der Freudenberg-Stiftung (mit freundlicher Genehmigung).

[80] Siehe Seifert/Zentner, Service Learning – Lernen durch Engagement: Methode, Qualität. Beispiele und ausgewählte Schwerpunkte, 17–20.

Schülerinnen und Schülern den Sinn ihres Engagements deutlich. Kompetenzen und persönliche Stärken werden erkannt, der Transfer fachlichen Wissens wird erleichtert und metakognitive Kompetenzen werden trainiert. Darüber hinaus fördert eine anspruchsvolle Reflexion die Motivation, sich in Schule und Gesellschaft einzubringen.

4. Schülerpartizipation
Schülerinnen und Schüler sollen und können im Unterricht, bei Vorbereitung, Planung, Ausgestaltung, Reflexion und Nachbereitung des Engagements Entscheidungen treffen und Verantwortung übernehmen. Wenn Auswahl und Ausgestaltung des Engagements nur „verordnet" werden, ist es fraglich, ob sie ihr Tun überhaupt als Möglichkeit der gesellschaftlichen Teilhabe sehen. Je mehr sie ihre eigene Stimme einbringen dürfen, desto stärker ist auch ihr Engagement.

5. Engagement außerhalb der Schule
Es geht beim Lernen durch Engagement auch um die Öffnung der Schule in den Stadtteil, in die Gemeinde hinein. Schülerinnen und Schüler entdecken neue Lernorte. Sie müssen einen Transfer ihrer im geschützten Raum der Schule erworbenen Kompetenzen ins „reale Leben" leisten. Indem sie erfahren, dass sie einen nützlichen Beitrag für die Gemeinschaft leisten, erleben sie eine Sinnhaftigkeit ihres Lernens und Handelns. Darüber hinaus begegnen sie Menschen, die sie in ihrem persönlichen Umfeld normalerweise nicht treffen. So werden neue Brücken innerhalb der Gesellschaft geschlagen.

6. Anerkennung und Abschluss
Die Beiträge und Leistungen der Schülerinnen und Schüler sind kontinuierlich zu würdigen und zum Abschluss gebührend zu feiern. Eine motivierende und unterstützende Anerkennungskultur sollte sich durch den gesamten Lernverlauf hindurchziehen. Dank auszusprechen und eine differenzierte Zertifizierung der erworbenen Kenntnisse vorzunehmen ist eine Selbstverständlichkeit.

2.2.2.2 Vertiefung: situated learning

Grundsätzlich kann man diakonisch-soziales Lernen von zwei Polen ausgehend begründen und angehen, die aufeinander bezogen sind: Man kann einerseits nach der Auswirkung auf die Persönlichkeitsentwicklung und von hier aus auf die Gesellschaft fragen – aber andererseits auch nach der Auswirkung sozialer Einbindung auf das Individuum.[81] Im diakonisch-sozialen Lernen wird die soziale Einbindung *vor* die Selbstbestimmung gestellt.[82]

Helmut Hanisch bezieht sich zur vertieften Begründung diakonischen Lernens auf die anthropologischen Forschungen von Jean Lave und Etienne Wenger, die das Konzept „situierten Lernens" entwickelt haben; insbesondere auf deren Beschreibung der Lehre von Hebammen in Yucatan.[83] Diese Lehre erfolgt nicht in Schule oder Krankenhaus, sondern in der Familie. Die Mädchen, die Hebammen werden wollen, haben in der Regel Mütter oder Großmütter, die Hebammen sind. Das nötige Können für diesen Beruf wird innerhalb der Familie weitergegeben. Im Alltag hören die Mädchen Geschichten, in denen von Erfahrungen berichtet wird, lernen, welche Kräuter und andere Hilfsmittel zur Begleitung einer Geburt nötig sind. Wenn sie älter werden, übernehmen sie Hilfsdienste und sind einmal so weit, dass sie selbständig eine Geburt begleiten können. Irgendwann kommen sie auf die Idee, dass sie selbst Hebamme werden möchten.

An diesem Beispiel macht Hanisch im Anschluss an Lave/Wenger die zentralen Grundgedanken situierten Lernens deutlich: Die angehenden Hebammen wachsen in eine tätige Gemeinschaft hinein, in eine *community of practice.*

Den Prozess des Hineinwachsens in eine Tätigkeit beschreiben Lave und Wenger als *legitimate peripheral participation.* Damit wird ausgedrückt, dass es im Verständnis des situierten Lernens keine Partizipation ohne Legitimation gibt. Legitimation, am Beispiel verdeutlicht, heißt: Die Zugehörigkeit zur Hebammenfamilie und zur örtlichen Gemeinschaft ist es, die die Partizipation legitimiert. Die legitime Zugehörigkeit wäre nicht gegeben, wenn eine Hebammen-Anwärterin nicht aus einer Hebammen-Familie stammte. Es gibt aber Fälle, in denen die legitime Zugehörigkeit etwa durch einen Ausbildungsvertrag oder einen Verein zustande kommt. Auch verweist das Stichwort „legitim" darauf, dass die *newcomer* ein Recht darauf haben, in die Aufgaben einer tätigen Gemeinschaft einbezogen zu werden. Das Stichwort *peripheral partizipation* besagt, dass die *newcomer* zunächst die Möglichkeit

---

81 Vgl. Helmut Hanisch, Diakonisch-soziales Lernen als Impuls zur Persönlichkeitsentwicklung, in: Helmut Beck / Heinz Schmidt, Bildung als diakonische Aufgabe. Befähigung – Teilhabe – Gerechtigkeit, Stuttgart 2008 (43–55), 54f.

82 Siehe Schmidt, Vom diakonisch-sozialen Lernen zu einer diakonischen Bildung, 267.

83 Jean Lave / Etienne Wenger, Situated Learning: Legitimate Peripheral Participation. Learning in Doing: Social, Cognitive and Computational Perspectives, Cambridge 1991. Hanisch, Diakonisch-soziales Lernen als Impuls zur Persönlichkeitsentwicklung, 49–53.

erhalten, sich erste Eindrücke zu verschaffen, bis die Partizipationsmöglichkeiten nach und nach ausgeweitet werden, bis schließlich die *oldtimer* den *newcomern* uneingeschränkten Zugang zu allen Aktivitäten gewähren. Dies basiert auf der Erkenntnis, dass ohne das Wissen der Etablierten die *newcomer* keine Chance zu voller Mitarbeit haben und dass nur die *newcomer* den Fortbestand der Gemeinschaft sichern. Ihre naiven Fragen geben darüber hinaus der Gemeinschaft wichtige Anstöße zur Weiterentwicklung der herkömmlichen Praxis. Der letzte und wesentliche Gesichtspunkt situierten Lernens ist, dass Lernen nicht wie im schulischen und akademischen Kontext über Sprache als Medium von Instruktion und Belehrung weitergegeben wird. Im Gegensatz dazu, so betonen Lave und Wenger, ist das Sprachgeschehen in tätigen Gemeinschaften ein „talking within“ und ein „talking about“. „Talking within“ bezieht sich auf den Austausch von Informationen, der nötig ist, um Arbeitsabläufe sicherzustellen. „Talking about“ geschieht in der Regel durch Geschichten.

Diese dienen dem inneren Zusammenhalt der Gemeinschaft und dem Lösen von Problemen.

Hanisch nennt vier Gesichtspunkte des *situated learning*, die für die Konzeption diakonisch-sozialen Lernens maßgeblich sind:

1. Durch die Mitarbeit in einer diakonisch-sozialen Gemeinschaft wird Wissen im Hinblick auf den Umgang mit Menschen nicht abstrakt erworben, sondern ist das Ergebnis einer immer umfassender werdenden Tätigkeit im Rahmen eines historisch gewachsenen Kontextes diakonisch handelnder Gemeinschaften.
2. Es scheint Hanisch unverzichtbar, dass eine Einrichtung mit den Jugendlichen einen Vertrag schließt, in dem Dauer und Umfang der Mitarbeit geregelt werden. Dieser macht deutlich, dass die Jugendlichen einen Anspruch darauf haben, in die Arbeit integriert zu werden, und auch darauf, als *newcomer* zunächst nur vorsichtig zu peripherer Mitarbeit herangezogen zu werden.
3. *Newcomer* werden in den geistlichen Kontext ihrer Einrichtung integriert. Sie partizipieren an Andachten, nehmen die Ausgestaltung von Räumen mit christlichen Symbolen wahr, erfahren in Gesprächen mit ihren Betreuern, sozusagen mit den *oldtimern*, etwas über deren diakonisches Ethos des Helfens.
4. Bei der Auswertung von Praktikumserfahrungen sollte das Erzählen im Mittelpunkt stehen. Indem die Jugendlichen von sich und auch von der Hilfsmotivation ihrer Betreuer erzählen, überdenken sie auch die eigene. Huldreich David Toaspern formuliert in Weiterführung des Ansatzes von Hanisch: „Mit den Modellen des *situated learning* wird für den christlichen Auftrag zur Nächstenliebe eine pädagogische Unterstützung vorge-

> legt, die Lernenden Chancen zur Einübung einer Lebensführung in der Einheit von Glauben und Nächstenliebe eröffnet.“[84]

Im Blick auf kirchliche Schulen kann dies bestätigt werden. Das am Evangelischen Schulzentrum Michelbach angebotene Modell diakonisch-sozialen Lernens ermöglicht es Schülerinnen und Schülern, während eines Praktikums in einem von der Diakonie geleiteten Krankenhaus christlichen Werten in praktizierter Form zu begegnen.[85] Sie können „die Verwurzelung diakonisch handelnder Gemeinschaften in der Geschichte der Barmherzigkeit“[86] erkennen, sich selbst ein Stück weit darin verorten, dies in der Aufarbeitung im Unterricht artikulieren und in Schulgottesdiensten für die von ihnen betreuten Menschen Fürbitte halten.

Christoph Gramzow hat in seiner Habilitationsschrift das „Michelbacher Modell“ in einer empirischen Studie evaluiert, u. a. in der Absicht, eine religionspädagogische Einordnung einer Form des *situated learning* vorzunehmen.

Zur weiteren Vertiefung sei hier vorerst auf seine Beschreibung dieser Form des Lernens an einer kirchlichen Schule vorgenommen; an späterer Stelle wird auch auf die Ergebnisse seiner Studie einzugehen sein:

Praktika, so Gramzow, die angemessen vorbereitet, begleitet und auch ausgewertet werden sollten, bilden das „Herzstück“[87] diakonisch-sozialen Lernens in Michelbach. Es lässt den Bezug zu drei konstitutiven Elemente des *situated learning* erkennen,[88] nämlich 1. den Bezug zu Aspekten von *legitimate peripheral participation*, 2. den Bezug zu Aspekten von *knowing what we know* und 3. den Bezug zu Aspekten von *world travelling*.

Zu 1: Die vollwertige Mitgliedschaft in einer *community of practice* ist konstitutiv für den Lernerfolg. Blockpraktika erweisen sich daher als sehr viel effektiver als das Aufsuchen der *community* einmal in der Woche für wenige Stunden. Den Schülerinnen und Schülern im Praktikum sollte eine volle Partizipation an den produktiven und sozialen Aktivitäten möglich sein. Das schließt auch die Teilnahme an Dienstbesprechungen, gemeinsamen Mahlzeiten, an Gottesdiensten und Andachten mit ein. Sie sollen ein „Verständnis

---

84 Huldreich David Toaspern, Diakonisches Lernen. Modelle für ein Praxislernen zwischen Schule und Diakonie, Leipzig 2007, 50. Siehe auch: Christoph Gramzow, Diakonie in der Schule. Theoretische Einordnung und praktische Konsequenzen auf der Grundlage einer Evaluationsstudie, Leipzig 2010. Im Folgenden abgekürzt: *Gramzow, Diakonie in der Schule*.

85 Zum „Michelbacher Modell“ siehe Gabriele Klappenecker, Religiöse Wahrnehmung und Deutung als Voraussetzung diakonisch-sozialer Bildung. Das „Michelbacher Modell“ als didaktische Herausforderung, in: Johannes Eurich / Christian Oelschlägel (Hg.), Diakonie und Bildung, Stuttgart 2008, 389–402.

86 Hanisch, Diakonisch-soziales Lernen als Impuls zur Persönlichkeitsentwicklung, 52.

87 Gramzow, Diakonie in der Schule, 587.

88 Siehe hierzu Gramzow, Diakonie in der Schule, 556–562.

des Ganzen“[89] gewinnen, wozu es der Tätigkeit zu den relevanten Arbeitszeiten und der Erkundung der Räumlichkeiten bedarf. Auch das aktive, abwechslungsreiche Mitwirken ist unverzichtbar. Nur so kommt es zu einem Aufbau von vielfältigen Beziehungen in der Gesamten *community* und man vermeidet eine einseitige enge Kooperation nur mit den betreuenden Mentoren.

Zu 2: Ein Lernender, z. B. ein Referendar, tritt eine Tätigkeit mit einem vorprofessionellen Wissen an, übt sie zunächst mit begrenzten Kompetenzen aus, um dann später die Ergebnisse seines Agierens zu analysieren. So vergrößert sich der Kompetenzerwerb. Für den Kompetenzaufbau gerade im Diakoniepraktikum sind sprachliche Kommunikation und soziale Interaktion wesentlich. Daher sind Schülerinnen und Schüler hierin zu integrieren, indem sie etwa in Dienstbesprechungen beteiligt werden oder Gelegenheit zum Gespräch mit kranken Menschen bekommen. So lernen sie in Konfrontation mit Problemen und Herausforderungen, denen sie noch nie begegnet sind, erfahren Stärken und Schwächen. Zur Förderung der genannten Lernerfahrungen ist es ratsam, die Schülerinnen und Schüler im Rahmen von Auswertungsphasen zur Reflexion und Artikulation erworbenen Wissens und vollzogener Lösungswege und Lernstrategien zu veranlassen.[90]

Zu 3: Im diakonischen Lernen sollen Schülerinnen und Schüler die neue „Welt“ einer diakonischen Einrichtung nicht erkunden wie Touristen auf einem ausgewiesenen Wanderweg, sondern sie sollen sich auf Menschen, Räume und Zeiten der Einrichtung in Freiheit einlassen können. Sie sollen Zugang zu einer realen, nicht simulierten „Welt“ finden. Im Unterschied zur *arrogant perception* bedeutet *world travelling* ein Lernen auf gleicher Ebene. Nicht ein erkennendes Subjekt und ein erkanntes Objekt, sondern Lernpartner stehen einander gegenüber. Es geht beim *world travelling* darum, dass die Schüler in einer diakonischen „Welt“ Fähigkeiten und Begabungen in einer Weise entdecken, die sich auf ihre Identität im Ganzen auswirkt.

2.2.3 *Kritik und Würdigung beider Modelle*

Heinz Schmidt kritisiert an dieser Form konfessioneller Interpretation des *situated learning* vor allem, dass die Voraussetzung für eine situierte Meisterlehre heute kaum noch gegeben ist, da auch an diakonischen Praxisorten

89 Gramzow, Diakonie in der Schule, 557.

90 Gramzow, Diakonie in der Schule, 560, nach Schmidt, Diakonische Bildung als Konstruktion von Wissen und Werten. Didaktische Anregungen aus konstruktivistischer Sicht, in: Gramzow/Liebold/Sander-Gaiser (Hg.), Lernen wäre eine schöne Alternative, a.a.O. (93–103), 98.

selten Gemeinschaften begegnen mit „feststehenden einheitlichen Werten". Auch diakonische Gemeinschaften seien heute „plurale Settings".[91]

Dies ist kein Grund dafür, sich im Hinblick auf die Weiterentwicklung einer Didaktik diakonischen Lernens, auch an staatlichen Schulen, vom *situated learning* zu verabschieden. Vielmehr ist die Kritik mangelnder „Pluralismuskompatibilität" der Interpretation situierten Lernens Anlass dafür aufzuzeigen, dass sich die von Hanisch genannten vier Merkmale dieser Lernform, die er aus der anthropologischen Forschung von Lave und Wenger übernimmt, mit dem Interesse an einem weit gefassten Bildungsauftrag der Diakonie verbinden lassen. Diesem Interesse kommt das *service learning* entgegen. Es zeigt sich, dass die offensichtlich für ein Erlernen von Verantwortungsübernahme konstitutiven vier Merkmale, die Hanisch nennt, auch beim *service learning* gegeben sind: Bildung von Wertebewusstsein durch praktisches Engagement in einer Kultur der Intergenerativität, vertraglich geregelte und sich steigernde Partizipation an einer Hilfsgemeinschaft sowie narrative Problemverarbeitung:

1. Mikrostudien zeigen, dass *service learning* die Bereitschaft der Jugendlichen zu aktivem zivilgesellschaftlichem Engagement durch die Beteiligung an Projekten erhöht.[92] Sie identifizieren sich verstärkt mit ihrer „community".[93] Sie leisten einen Dienst (engl.: „service") am Gemeinwohl, indem sie beispielsweise einen Park in ihrer Gemeinde anlegen und sich auf diese Weise mit Stadtplanung und Ökologie befassen.[94] Durch Partizipation in einem Gemeindekontext, in dem ökologische Sensibilität offensichtlich erwünscht ist, erweitert sich ihr Wertehorizont und sie erwerben ein Mitspracherecht.
2. Auch beim *service learning* wird ein Vertrag zwischen einer Einrichtung und den Jugendlichen abgeschlossen. In diesem legen sie genau fest, welche Aufgaben sie im Rahmen des Projektes übernehmen werden.[95] So wird eine Partizipation ohne Überforderung gewährleistet.
3. Das *service learning* findet, wie das *situated learning*, in einer Kultur der Intergenerativität statt. Dies gilt besonders für das Lehrer-Schüler-Verhältnis. Lehrende stellen sozusagen als Meister und Expeditionsleiterin ihren Wissensvorsprung in nicht autoritärer Weise zur Verfügung.[96]
4. Auch das *service learning* lebt, wie gesagt, von der Kommunikation. In Lerntagebüchern halten Schülerinnen und Schüler das Erlebte fest und

---

91 Schmidt, Vom diakonisch-sozialen Lernen zu einer diakonischen Bildung, 264.
92 Siehe Sliwka, Service Learning, 11.
93 Siehe Sliwka, Service Learning, 12.
94 Siehe Sliwka/Frank, Service Learning. Verantwortung lernen in Schule und Gemeinde, a.a.O., 9f.
95 Siehe Sliwka, Service Learning, 106. Hier findet sich ein Mustervertrag.
96 Siehe Sliwka, Service Learning, 9; 16.

tauschen sich darüber aus. *Service-learning*-Projekte können sich nur dann entfalten, wenn im schulischen Lehr- und Stundenplan Zeit zur systematischen Reflexion ihrer Erfahrungen gewährleistet ist.[97]

Eignen sich die beiden Modelle dafür, in den Dienst des Verantwortungslernens mit diakonischem Schwerpunkt gestellt zu werden?

Für eine evangelische Religionspädagogik in politischer Perspektive, die Bezug nimmt auf das *service learning*, hat Thomas Schlag die theologischen Kategorien von Rechtfertigung, Verantwortung und Hoffnung zur Deutung menschlichen Lebens herausgearbeitet. In eine evangelisch-diakonische Religionspädagogik, die auch kirchenferne zum Engagement bereite Menschen und ihr Lebensumfeld erreichen will, können sie übernommen werden. Denn der Deutungshorizont dieser Kategorien ist so weit, dass er dieses Umfeld erfasst, aber auch so klar konturiert, dass ein Projekt mit diakonischem Schwerpunkt an einer staatlichen Schule nicht austauschbar wird mit dem Ethik- oder Gemeinschaftskunde-Unterricht. Die „*situation*" des situierten Lernens in einem solchen Unterricht ist in diesem Horizont nicht immer eine explizit christliche, aber eine christlich deutbare.

Verantwortung heißt, theologisch gesprochen, dass Gott den Menschen als verantwortungsfähiges und zur Verantwortungsübernahme berufenes Wesen geschaffen hat.[98] Ein Seminarkurs mit diakonischem Schwerpunkt an einer staatlichen Schule[99], der Strukturen beider Didaktik-Modelle zur Grundlage hatte, zeigt, dass Verantwortungslernen ermöglicht wurde:

Schülerinnen und Schüler, die die Arbeit der ehrenamtlichen Helferinnen und Helfer unterstützen und sich mit ihnen über ihre Hilfsmotivation unterhalten, lernen, dass bei „einer ausschließlich interessegeleiteten individuellen Selbstbezüglichkeit"[100] so etwas wie Vesperkirchenarbeit gar nicht möglich wäre. Sie erfahren in Form einer Dankesrede der Diakonie-Pfarrerin die Anerkennung ihrer Sozialkompetenz. Sie veröffentlichen ihre Erlebnisse und brechen dadurch die Isolation der in Not geratenen Menschen auf, machen deren Mangelversorgung zu einer öffentlichen Sache.[101]

Die Schülerin, die einen Neurologen bei seinen Besuchen demenzkranker Menschen im Seniorenheim begleitet, wo diese intensiv betreut werden, lernt, dass die Bedeutsamkeit der Zukunft eines Menschen von seiner unver-

---

97 Siehe Sliwka, Service Learning, 10.

98 Siehe Schlag, Horizonte, 522.

99 Der Seminarkurs ist dokumentiert in: Gabriele Klappenecker im Auftrag des Evangelischen Schulwerkes in Baden und Württemberg, GeM*ein*wohl. Eine Handreichung zur Durchführung eines Seminarkurses mit einem Schwerpunkt auf dem diakonisch-sozialen Lernen für Lehrerinnen und Lehrer, Pfarrerinnen und Pfarrer an allgemeinbildenden und beruflichen Gymnasien in Baden-Württemberg. Mit einem Grußwort von Landesbischof Dr. Otfried July, Stuttgart 2013.

100 Schlag, Horizonte, 524.

101 Vgl. Schmidt, Vom diakonisch-sozialen Lernen zu einer diakonischen Bildung, 268f.

lierbaren Würde ausgehend und nicht von seinem „quantifizierbaren Output“[102] her zu perspektivieren ist, dass Altern nicht nur ein biologischer, sondern auch ein lebensgeschichtlicher und gesellschaftlicher Prozess ist. Sie erfährt, dass die professionelle Altenpflege, an die die Familienangehörigen Fürsorge und Begleitung ganz oder zum Teil delegieren, eine gesellschaftlich relevante Aufgabe übernimmt und in Vertretung der Familie Wertschätzung gewährleisten muss.[103] Man kann m. E. auch sagen: in Stellvertretung der Familie. Von Bonhoeffers Stellvertretungsbegriff her könnte sie beispielsweise in einer Facharbeit vertiefen, ob Seniorenheime dem mit diesem Begriff thematisierten Anspruch gerecht werden, und fragen, ob hier wirkliche Verantwortungsübernahme stattfindet. Sie könnte thematisieren, ob die Fürsorge, die die Pflegekräfte in Stellvertretung der inzwischen erwachsenen Kinder der Senioren ihnen geben, so gut ist wie die, die sie selbst ihnen angedeihen lassen würden.

In verschiedenen sozialen und kulturellen Kontexten können die im Pluralismus aufwachsenden Schülerinnen und Schüler mit Hilfe der beiden Modelle lernen, in dem, was die christliche Theologie beispielsweise unter Verantwortung versteht, eine tragende Basis für ihre Wertebildungen zu finden, auch wenn sie den christlichen Glauben nicht mehr kennen oder nicht teilen.

Beide Modelle einer Diakonie-Didaktik, sowohl das *situated learning* mit seinen vier grundlegenden und in der Praxis vielfach bewährten Elementen, als auch das *service learning* mit seinem Beitrag zur Stärkung der Zivilgesellschaft durch die Ermöglichung von Eigeninitiative eignen sich, wenn man sie kombiniert, dafür, Verantwortungslernen zu fördern.

Die theologische Begründung des Verantwortungslernens, die beide Modelle unterstützen, kann, wie gezeigt, ekklesiologisch vorgenommen werden: Wort und Sakrament zielen auf eine soziale Gestaltung der Gesellschaft. Eine solche Begründung kann darüber hinaus theologisch-anthropologisch grundgelegt werden: Stellvertretung bezeichnet „ein fundamentales menschliches Axiom“ (Klappert). Es ist hierfür noch zu klären, was der Begriff der Verantwortung an didaktischen Implikationen enthält. Dies lässt sich an seinem doppelten Verweisungszusammenhang entlang erhellen.

---

[102] Schlag, Horizonte, 535.

[103] Siehe Barbara Städtler-Mach, Alte Menschen, in: Gottfried Adam et al. (Hg.), Unterwegs zu einer Kultur des Helfens, a.a.O. (145–149), 149.

3. *Der doppelte Verweisungszusammenhang des Verantwortungsbegriffs in diakonie-didaktischer Perspektive*

3.1 Verantwortung „vor“

Aus der „Verantwortung vor“ leitet sich, theologisch gesehen, die „Verantwortung für“ allererst ab. Mit Schülerinnen und Schülern die Relation der „Verantwortung vor“ zu erschließen, heißt, sie in ihrer religiösen Deutungskompetenz zu fördern.

Religiöse Kompetenz ist Teil öffentlicher Bildung und lässt sich laut Benner und Schieder so beschreiben: „Schülerinnen und Schüler können religiöse Inhalte und Sachverhalte von unterschiedlichen Fachlogiken (Ökonomie, Politik, Moral, Recht) her interpretieren und im Lichte solcher Fachlogiken mehrperspektivisch beurteilen.“[104] Im Unterricht soll u. a. die Vermittlung eines reflexiven Wissens stattfinden. Dieses gründet sich „auf Blickwechsel zwischen lebensweltlichen, historischen, szientifischen und ideologiekritischen Wissensformen“.[105] Es sollen „Grenzen des Wissbaren und Machbaren“ hierin bedacht werden können.[106]

Grundwissen über die eigene Religion und die anderen Religionen gehört zur Allgemeinbildung[107] und führt zu den Kompetenzen, die es braucht, um zur Partizipation am gesellschaftlichen und politischen Leben in der Lage zu sein.[108]

Christliche Religion kann nur dann mitgeteilt werden, wenn sie auch dargestellt wird (Schleiermacher). Wie sich die Schüler zu dieser Darstellung, der sie etwa im Rahmen eines Diakonie-Praktikums begegnen, verhalten werden, ist offen. Aber sicherlich wird sie die Frage beschäftigen, wie eine diakonische Einrichtung, etwa ein Krankenhaus, ihr Ethos des Helfens und ihr Verantwortungsverständnis definiert angesichts von „Grenzen des Wissbaren und des Machbaren“.

Diakonisch-soziale Bildung kann sich verändernd auf die Wahrnehmung auswirken. Es ist alles andere als das Resultat einer Aufnahme angehäuften Wissensstoffes, wenn Schülerinnen und Schüler fragen, etwa während eines Praktikums in einer Justizvollzugsanstalt, ob die biblische Vorstellung von Gott als Richter und Einsichten der Eschatologie dabei helfen können,

---

104 Dietrich Benner / Rolf Schieder / Henning Schluß / Joachim Willems (Hg.), Religiöse Kompetenz als Teil öffentlicher Bildung. Versuch einer empirisch, bildungstheoretisch und religionspädagogisch ausgewiesenen Konstruktion religiöser Dimensionen und Anspruchsniveaus, Paderborn et al. 2011, 126. Im Folgenden abgekürzt: *Benner, Religiöse Kompetenz.*

105 Benner et al., Religiöse Kompetenz, 149.

106 Dies., ebd.

107 Vgl. Gräb/Thieme, Religion oder Ethik?, 234.

108 Vgl. dies., ebd.

Täter von Straftaten und Verbrechen und ihre Opfer noch einmal in einer anderen Perspektive zu sehen. Die Tätigkeit in der Vesperkirche mag die Frage aufwerfen: Worin besteht die Motivation der kirchlichen Mitarbeiter dazu, sich für Benachteiligte und Ausgegrenzte einzusetzen? Bekommt die Diskussion der Generationengerechtigkeit, die angesichts der demographischen Entwicklung eine besondere Dynamik annimmt, eine neuen Impuls, wenn auf dem Hintergrund eines Praktikums im Seniorenheim klar wird, dass das Vierte Gebot eine Verheißung mit sich bringt (Ex 20,12)? Das Praktikum bei einer Menschenrechtsorganisation mag Schülerinnen und Schüler zum Entdecken der religiösen Grundlegung der Menschenrechte führen. Einsichten biblisch-theologischer Anthropologie können in der Reflexionsphase nach dem Praktikum dann ebenso thematisiert werden wie allgemeinethische, ethisch-theologische, rechtliche und politische Stellungnahmen zu Menschenrechtsfragen; ebenso ist eine Auseinandersetzung mit den Religionswissenschaften unverzichtbar, da auch das Menschenbild anderer Religionen erschlossen werden muss.

So wird den Schülerinnen und Schülern deutlich: In einem Kommunikationsprozess gelangen die verschiedenen Disziplinen zu einer „Konstitution gemeinsam geteilter normativer Ansprüche".[109] Die Bedeutung der Solidarität mag ihnen bewusst werden als bestimmendes Moment politischen Handelns, wenn sie sich etwa in der Stadtteilarbeit engagieren, und vielleicht werden sie darüber reflektieren, inwieweit der Begriff der Solidarität sich mit dem christlichen Gedanken der Nächstenliebe, zu der Gottes zuvorkommendes Handeln befähigt, überschneidet.

3.2 „Verantwortung für"

Verantwortungsübernahme wird grundgelegt dadurch, dass in Kenntnis insbesondere des biblisch-christlichen Gerechtigkeits- und Schöpfungsverständnisses geschichtliche Gegenwart wahrgenommen wird.

Theologische und besonders diakonische Wahrnehmungskategorien, die die Gestaltung leiten, sind Gottesebenbildlichkeit, Menschenwürde, Reich Gottes, Liebe und Barmherzigkeit. Sie eröffnen vielfältige Handlungsmöglichkeiten.

Verantwortungsübernahme lässt sich nach Martin Horstmann nicht nur qualifizieren als Helfen in einem engen Sinn, sondern auch u. a. als Zuhören, Begleiten, Trösten, Aufbrechen, Abschiednehmen.[110]

---

[109] Huber, Sozialethik, 100.

[110] Vgl. Horstmann, Das Diakonische entdecken, 245–257.

„Verantwortung für“ zu lernen heißt aus diakonischer Sicht auch: Verantwortung für mich selbst übernehmen. Dies ist nicht einfach, denn Begegnungen im diakonischen Alltag sind von Erfahrungen geprägt, die alles als normal Empfundenes in Frage stellen.[111]

> Eine Schülerin im Praktikum betreute eine Dame im Seniorenheim, die an Alzheimer erkrankt war und die alles, was man ihr ausführlich erzählte, nach kurzer Zeit wieder vergaß, was die Kommunikation schwierig und manchmal auch frustrierend für die Schülerin machte.[112]

Martina Kumlehn hält es im Anschluss an den Phänomenologen Waldenfels für bedeutsam, das Fremde des Anderen nicht als Defizit wahrzunehmen. Unzugänglichkeit und Fremdheit darf sein, darf zugelassen werden. Ich muss in meinen Begegnungen nicht das Irritierende in mir auslöschen müssen. Sie kritisiert: Es soll nicht darum gehen, behinderte oder sozial auffällige Menschen vorschnell an ein unreflektiert vorausgesetztes Verständnis dessen, was als normal gilt, anpassen zu wollen. Indem ich mich enteigne an das Fremde, strebe ich ja eine Entgrenzung zwischen Selbst und Anderem an. Es kann aber nicht sein, dass ich das Feststellen der Andersheit überspringe als etwas, das ich mir selbst nicht zugestehe. Ich darf Anteile bei mir selbst entdecken, die mir fremd bleiben. Asymmetrie, so verstehe ich Kumlehn, darf nicht in Selbstverleugnung kippen. Wer Verantwortung übernimmt, so die Theologin, muss fragen, wie die Wahrnehmung des Anderen aus biblisch-theologischer Sicht ihre spezifische Färbung bekommen kann, die weder sein Anderssein hintergeht, noch ihn auf sein So-Sein einfach festlegt. Die Fähigkeit, den anderen in biblischer Sicht sehen zu können, ist ein Geschenk und niemandem anzudemonstrieren.[113]

> Die Schülerin, die die ältere Dame betreute, hat sich nach Rücksprache mit einer ausgebildeten Altenpflegerin auf ein anderes Medium der Kommunikation besonnen und ihrer Seniorin Malutensilien besorgt. Es entstanden ansprechende Bilder. Die Verantwortung der Lehrpersonen und der Betreuungspersonen besteht darin, dafür zu sorgen, dass Schülerinnen und Schüler nicht mit Aufgaben

---

111 Siehe Martina Kumlehn, Irritation und Expression. Zur Bedeutung der phänomenologisch-ästhetischen Dimension für die Entwicklung diakonischer Kompetenz, in: Thomas Schlag et al., Ästhetik und Ethik. Die öffentliche Bedeutung der Praktischen Theologie, Zürich 2007 (149–163), 157–160.

112 Es handelt sich um die Erfahrung einer Schülerin, die aus meiner Zeit als Lehrerin am Evangelischen Schulzentrum in Michelbach stammt.

113 Siehe Kumlehn, Irritation und Expression,159f. im Anschluss an Hans-Günter Heimbrock, Gott im Auge. Über Ansehen und Sehen, in: Wolf-Eckart Failing / Hans-Günter Heimbrock, Gelebte Religion wahrnehmen, Stuttgart 1998,145–160.

überfordert werden, und darin, sie in der Übernahme der Verantwortung auch für sich selbst zu unterstützen.[114]

IV. Zwischenergebnis

Das Bildungsinteresse besteht grundsätzlich darin, einen Zusammenhang von Erfahrung, Wertebildung und Handeln zu ermöglichen. Eine Praxisphase ist im Verantwortungslernen nötig, um nicht an der Oberfläche zu bleiben und um nicht ein sehr sektorales und nur „angelesenes" Verständnis von Diakonie hervorzurufen. Wirkliche Bildungsprozesse werden nur ausgelöst, indem man Reflexionen diakonischen Handelns initiiert, also etwa, indem man vor der Praxisphase Wahrnehmungsgrößen wie Barmherzigkeit, Gerechtigkeit oder eben *Verantwortung* einführt – auch in ihrer Lesart durch andere Religionen oder durch die Sozialwissenschaften. Im Unterricht in der Oberstufe finden diese Reflexionen auf wissenschaftlicher Ebene statt. Der hermeneutische Zirkel ergibt sich aus der Spannung von Wissen und der Erschütterung durch Erfahrung. Eine intentionale Herbeiführung von Betroffenheit wäre zynisch; jedoch ist die Konfrontation von Wissen und Erfahrung nötig, da sonst die Schülerfragen „nur" im Seminarstil abgehandelt würden.[115]

Verantwortungslernen ist ein wesentliches Merkmal diakonischer Bildung, und diese ist Teil der Allgemeinbildung. Verantwortungslernen hat dann stattgefunden, wenn es der Lehrperson gelungen ist, dass von Schülerinnen und Schülern in Kenntnis des biblischen Gerechtigkeits- und Schöpfungsverständnisses geschichtliche Gegenwart wahrgenommen und gestaltet worden ist. Diese *Kenntnis* der Schülerinnen und Schüler muss nicht notwendigerweise auf einem *Bekenntnis* beruhen. Diakonische Bildung und diakonisches Lernen zielen jedoch darauf, christliche Begründungen und Gestaltungen von Verantwortungsübernahme kennenzulernen.

Bildung zur Verantwortung hat dann stattgefunden, wenn „Grenzen des Wissbaren und Machbaren" (Schieder u. a.) erkannt wurden und religiöse Fragen aufkamen. Von einer Bildung zur Verantwortung kann man sprechen, wenn die Notwendigkeit von Stellvertretungsstrukturen erkannt und so weit wie möglich realisiert wurde. Sie hat stattgefunden, wenn in Beziehungen Asymmetrie weder zur Selbstausbeutung noch zur Reduktion des Anderen auf ein Objekt führte, sondern zur Einsicht in die eigenen Grenzen und

114 Es handelt sich hier ebenfalls um die Erfahrung der genannten Schülerin.
115 Siehe dazu noch einmal: Klappenecker, Ge*Mein*wohl, a.a.O.

der oder des Anderen. Bildung zur Verantwortung heißt: Das biblische Gerechtigkeits- und Schöpfungsverständnis ist in seiner die Geschichte prägenden Wirkung den Lernenden präsent geworden und hat ihre Wahrnehmung und Deutung diakonischer Praxis durchdrungen, zeigt Auswirkungen auf die Gestaltung der Schulgemeinschaft und der Zivilgesellschaft.

Die Möglichkeit, diakonische Grunderfahrungen selbst zu machen, trägt dazu bei, Verantwortung in gestalteter Form kennen zu lernen, sie evtl. auch zu hinterfragen oder Situationen mangelnder Verantwortung zu identifizieren.

Durch eine Kombination der Konzepte des „*service learning*" und des „*situation learning*" können als Elemente dieses so entstandenen neuen Lernkonzeptes genannt werden: 1. *Curriculare Anbindung*: Wird Verantwortungslernen ausgehend vom Religionsunterricht initiiert, ist der fachspezifische Bildungsplan maßgeblich. Auf diese Weise können die Schülerinnen und Schüler sich engagieren *und* sich in die biblisch-theologische Begründung ihres Handelns vertiefen. Sie können Verantwortung übernehmen *und* dies theologisch reflektieren. Es ist ihnen möglich, praktisch zu helfen *und* ethische Begründungen des Helfens kennen zu lernen. Findet Verantwortungslernen im interdisziplinären Verbund mit einem anderen Fach statt, werden auch die Kompetenzen in diesem gestärkt sowie die Kompetenz vernetzten Denkens. Schülerinnen und Schüler betreuen beispielsweise Senioren *und* erwerben medizinisches Wissen zum Thema „Demenz". 2. Das *Einführen von Wahrnehmungsgrößen*. Dieses Element taucht in den beiden vorgestellten Didaktik-Modellen nicht auf, ist aber notwendig zur Vorbereitung auf die Praxisphase. Hier ist zu denken an Fragen, die Schülerinnen und Schüler stellen, inspiriert durch bereitgestellte Texte oder andere Medien oder die Beiträge eingeladener Fachpersonen aus dem Bereich Diakonie und Soziale Arbeit. 3. Möglichst *selbständige Auswahl* des Praktikumsplatzes, die *möglichst auf Beobachtung eines realen Bedarfs* zurückgeht. 4. *Vorherige Übereinkunft* darüber, welche Aufgaben im Praktikum zu übernehmen sind, um eine motivierte Partizipation zu gewährleisten und gleichzeitig Überforderung zu vermeiden. 5. *Praktikum* mit *Besuch durch die Lehrpersonen.* 6. Lernen in einer *Kultur der Intergenerativität*: Lehrende der Schule oder auch die Sozialpädagoginnen und Diakone etc. vor Ort sollten sozusagen als Expeditionsleiterinnen und -leiter ihr Wissen zur Verfügung stellen. 7. *Festhalten des Erlernten* durch die Schülerinnen und Schüler und *Kommunikation darüber* nach der Rückkehr in die Schule. 8. *Anerkennung* mit Zertifikat und Abschluss.

An späterer Stelle wird noch zu klären sein, wie sich ein solches „Kombinationsmodell" etablieren lässt angesichts dessen, was Hanisch als „Paradigmenwechsel in der deutschen Bildungspolitik" bezeichnet, „der sich bis in die

Unterrichtspraxis hinein erstreckt".[116] Denn das *service learning* und das *situated learning* sind älter als die Einführung von Bildungsstandards, welche Kompetenzen festlegen.

[116] Helmut Hanisch, Unterrichtsplanung im Fach Religion. Theorie und Praxis, Göttingen 2007, 174.

Zweiter Teil: Verantwortungslernen in diakonischer Perspektive: Ein Blick in die Praxis der Schule

I. Einleitung

Diakonische Lernmodelle wollen und können nicht dazu dienen, von vornherein fest umrissene Bildungsziele zu bestimmen, auf die man gezielt hinarbeiten könnte. Man kann „nur" eine Bildungsintention verfolgen, die darauf abzielt, Elementarformen des Diakonischen durch Praxis, die reflektiert wird, kennenzulernen. Der Gehalt des Diakonischen kann nur in der Ermöglichung bestimmter diakonischer Grunderfahrungen, in bestimmten diakonischen Gestaltungsmustern und in bestimmten diakonischen Wirkrichtungen erschlossen werden, so Martin Horstmann:[117] Schülerinnen und Schülern ist dies möglich, wenn die Praxis gut vorbereitet worden ist. Allerdings ist es nicht in dem Maße der Fall, wie das aus der Berufsdiakonie stammende Modell Horstmanns es anstrebt. Jedoch dient es als heuristisches Instrumentarium zur Beschreibung der grundsätzlichen Ausrichtung eines Verantwortungslernens in diakonischer Perspektive.

Hier folgt in zusammengefasster Form Horstmanns Beschreibung der drei elementaren Grundformen der Diakonie.[118]

- *Diakonische Grunderfahrungen:* Das sind die Erfahrungen, die dazu einladen, auffordern oder sogar dazu nötigen, sich der Tiefe des Diakoniegeschehens auszusetzen. Es handelt sich um „ethosgenerierende Erfahrungen".[119] Diakonie zeigt sich unendlich vielfältig, lässt sich aber auf folgende Grunderfahrungen reduzieren: Leibliches und seelisches *Berührtwerden*, *Angewiesensein*, *Gebrauchtwerden*, Erfahrung einer *existenziellen Gleichheit* (bei aller Asymmetrie zwischen Helfenden und jenen, denen geholfen wird). Die zeitliche Dimension wird deutlich in den *Er-*

---

117 So weit nicht anders siehe: Horstmann, Das Diakonische entdecken, 245–257.

118 Siehe Horstmann, Das Diakonische entdecken, 245 – 257.

119 Horstmann, Das Diakonische entdecken, 246, bezieht sich auf: Heinz Schmidt, Welches ist der Weg dahin, wo das Licht wohnt? Lebensgewinn durch diakonische Bildung, in: Oelschlägel, Diakonische Einblicke, a.a.O. (263–272), 267f. Schmidt formuliert, dass die „symbolische Welt der Diakonie" sich sich nicht nur auf bestimmte Werte bzw. auf ein bestimmtes Ethos bezieht, „sondern auch auf die ethosgenerierenden Erfahrungen (von Hilfe und Vergewisserung), die symbolisch in vier Formen, nämlich als Mythen, Erzählungen, Lehrbildungen sowie gemeinschaftliche Riten zugänglich und gleichzeitig verborgen sind". Die kursiv gedruckten Begriffe im folgenden Referat des Ansatzes von Horstmann sind wörtlich übernommen.

fahrungen des Kairos (Momente des Besonderen, in denen die Zeit stillzustehen scheint) und des *Eingebundenseins* in einen Rhythmus. Diakonie setzt sich auch mit Leid und den Schattenseiten des Lebens auseinander. Hiervon sind die folgenden vier Grunderfahrungen geprägt: Die *Erfahrung der eigenen Grenzen* bzw. des *Begrenztwerdens*, Momente des *Scheiterns*, das Spüren von *Fragmentarität* und die Erfahrung der *Nachtgesichtigkeit*. Mit diesem Begriff bezieht sich Horstmann auf die christliche Mystik: Im Angesicht der Nacht kommt diakonischen Erfahrungen besondere Tiefe und Intensität zu: „Auch wenn man nicht sehen kann, kann man erkennen."[120]Abschließend nennt Horstmann in Bezug auf die christliche Tradition der Auferstehung noch die Erfahrungen *Aufbrechen* und *Gelingen*.

- *Diakonische Gestaltungsmuster*, die die grundlegenden „Baugesetze" des Diakoniegeschehens darstellen und die besondere Art und Weise diakonischer Prozesse charakterisieren: Sie vollziehen sich in einer komplementären Struktur: Zuerst nennt Horstmann die Dynamiken des *„Mit" und „Für"*: Die miteinander Handelnden sind Gebende und Nehmende zugleich. Die Parteilichkeit Gottes für die Marginalisierten und Schwachen hat Zuwendung zur Folge. Die komplementäre Anordnung von *individueller und struktureller Hilfe* betont, dass Individuum und Kollektiv nicht gegeneinander ausgespielt werden dürfen. *Barmherzigkeit und Gerechtigkeit* dürfen ebenfalls nicht als Gegensätze verstanden werden, sondern verhalten sich, wie gesagt, komplementär zueinander. *Nächstenliebe und Selbstliebe* korrigieren und ergänzen einander, so dass es weder zur Selbstverleugnung noch zur Vernachlässigung der Nächsten kommt. Als weitere Gestaltungsprinzipien nennt Horstmann: *Absichtslosigkeit* (i.S. von Zweckfreiheit, Selbstvergessenheit und Uneigennützigkeit) und *Intentionalität*, *Aktion* und *Kontemplation*, *Intervention* und *Präsenz* (Bleiben, Wachen, Beten i. S. v. Mk 14). Es folgen: *Hingabe* – bezogen auf eine Sache oder Aufgabe, einen anderen Menschen, Gott oder sich selbst – und *Initiativität*, welche Verantwortungsübernahme voraussetzt, sowie *Mitleidenschaft*, d. h. „leidenschaftliche Leidempfindlichkeit"[121] und *Ermächtigung*, die zur Befähigung und Ich-Autonomie führen will. Die dann folgenden Dynamiken von *Wandel* (*diakonia semper reformanda*) und *Beständigkeit*, bezogen auf Gottes Zusage der Beständigkeit

---

[120] Horstmann, Das Diakonische entdecken, 248.

[121] Horstmann, Das Diakonische entdecken, 251f. Horstmann bezieht sich hier auf Johann Baptist Metz, Compassion. Zu einem Weltprogramm des Christentums im Zeitalter des Pluralismus der Religionen und Kulturen, in: Ders. / Lothar Kuld / Adolf Weisbrod (Hg.), Compassion, Weltprogramm des Christentums. Soziale Verantwortung lernen, Freiburg i.Br. / Basel / Wien, 2000, 9–18.

(siehe Gen 8, Ex 3,14), sowie *Schon* und *Noch nicht* betonen das christliche Verständnis von Zeit und Wirklichkeit. *Sterben* – im unmittelbaren und im übertragenen Sinne in der Diakonie präsent – und *Auferstehen* bilden das grundlegende Muster der Theologie. Die Hoffnung auf die leibliche Auferstehung und die metaphorische Deutung des Neuanfangens sind hier angesprochen.

- *Diakonische Wirkrichtungen*, die die intentionale Grundausrichtung des Diakoniegeschehens kennzeichnen: Sie sind nicht mit Tätigkeiten zu verwechseln und daher nicht direkt „machbar“, gleichwohl charakterisieren sie die Wirklichkeit des Diakoniegeschehens in deutlichem Maße: Versöhnung, Befreiung, Heilung, Befähigung zur Teilhabe. Damit ist gemeint, dass der Mensch berufen ist, seine Begabungen zu leben. Damit die Berufung nicht unentdeckt bleibt, muss er zur Teilhabe immer wieder befähigt werden.

Diese drei diakonischen Elementarformen wohnen der Diakonie nicht nur inne, sondern stellen ihre konstitutive Struktur dar. Sie werden überliefert und konserviert „mittels Versprachlichungen (Mythen, Leitbilder, Geschichten), Verkörperlichungen (Menschen, Orte, Häuser, Räume) und Versinnbildlichungen (Symbole, Rituale).“[122] Diakonische Bildung kann als gelungen bezeichnet werden, wenn in diesen Artefakten die genannten diakonischen Momente freigelegt werden.[123] Im Kontext organisierter Diakonie kristallisieren sich die schon genannten diakonischen Kompetenzen heraus, wenn didaktische Grundbewegungen beispielsweise des Orientierens und Irritierens[124] – sie beschreiben Lernprozesse Erwachsener – stattgefunden haben. Diese Grundbewegungen können teilweise auch auf Jugendliche übertragen werden. Bedeutsam ist, dass sie der Tatsache gerecht werden, dass es nicht nötig ist, im Modus expliziter Christlichkeit zu operieren. Diakonische Bildung verfolgt keine katechetischen Intentionen, sondern will eigene Entdeckungen fördern. Wenn vielleicht gerade von nicht christlich sozialisierten Jugendlichen gefragt wird nach dem Essentiell-Diakonischen, also nach dem, was denn in einem bestimmten Kontext nun das Diakonische ist, dann beginnt ein diakonischer Bildungsprozess.[125] Widerfahrnisse im Diakonie-Alltag, Dienstbesprechungen und Praxisreflexionen sind ebenso bildend wie die klassischen Unterrichtsformate.[126]

---

[122] Horstmann, Das Diakonische entdecken, 260.

[123] So ders., ebd.

[124] Siehe Horstmann, Das Diakonische entdecken, 263.

[125] Frei nach Horstmann, Das Diakonische entdecken, 261.

[126] Frei nach Horstmann, Das Diakonische entdecken, 262.

II. Darstellung eines Projektes

Im Schuljahr 09/10 wurde ein so genannter Seminarkurs in der Oberstufe des staatlichen Friedrich-List-Gymnasiums Asperg, Baden-Württemberg, durchgeführt, mit Unterstützung des Evangelischen Schulwerkes Baden und Württemberg und Begleitung durch einen Beirat, dem Mitglieder aus Schule, Kirche und Wissenschaft angehörten. Es hatten sich 16 Schülerinnen und Schüler gemeldet und alle haben die erforderlichen Hürden meist mit Erfolg, manche davon mit großem Erfolg gemeistert.

In vielen Bundesländern ist es möglich, an Gymnasien einen Oberstufenkurs anzubieten, in dem sich meist zwei Lehrpersonen verschiedener Fächer auf ein Thema einigen, welches die Schülerinnen und Schüler interdisziplinär erschließen. Sie beenden es mit einer Facharbeit und einem Kolloquium. Der hier nur in zusammengefasster Form vorgestellte Kurs[127] lag auf dem Überschneidungsgebiet der Fächer „Biologie“ und „Religion“ und hatte den Titel „Leben ist Beziehung“.

Der Kurs hatte drei Phasen:

Phase 1: Die Zeit vor Praktikum
Ziele: Die Schülerinnen und Schüler sollen

- mit dem Blick auf ihnen vorgestellte Einrichtungen Fragen entwickeln und daraufhin die Wahl eines Praktikumsplatzes finden,
- die Fragen in eine Forschungsfrage ausformulieren und
- die Reduktion dieser Frage leisten im Blick auf ihre Relevanz für die „Klienten“, die Institution, den Ort, die Gesamtgesellschaft.

Beschreibung von Phase 1: Zunächst ist das Problembewusstsein der Schülerinnen und Schüler geweckt worden, indem man mit ihnen ein Thema erarbeitete, welches exemplarisch für das Gesamtthema des Seminars stand. Neben rein theologischer und medizinischer Fachliteratur stand u. a. die „UN-Konvention über die Rechte von Menschen mit Behinderungen“[128] im Vordergrund, anhand derer die sozialethischen, diakonischen und medizinischen Implikationen diskutiert wurden, die zu einem – auch im übertragenen Sinne – barrierefreien Leben führen. Die Schülerinnen und Schüler konnten in einem gelenkten Unterrichtsgespräch Impulse bekommen, die sie zur Auseinandersetzung mit der Frage führen, worin die substanzielle Zielrichtung

---

[127] Eine ausführliche Beschreibung des Kurses aus dem Schuljahr 09/10 findet sich in: Gabriele Klappenecker, Diakonische Bildung an staatlichen Schulen. Ein Projekt des Evangelischen Schulwerkes in Württemberg, in: Christian Oelschlägel, Diakonische Einblicke, a.a.O., 248–262. Ausführliche Hinweise für die Unterrichtspraxis finden sich in Klappenecker, Ge*Mein*wohl, a.a.O. Siehe auch: Klappenecker, Schülerfragen als Weg zur Bildung diakonischer Kompetenzen, in: Zimmermann, Mirjam (Hg.), Fragen im Religionsunterricht. Unterrichtsideen zu einer schülerfragenorientierten Didaktik, Göttingen 2013, 128–140.

[128] http://www.bpb.de/publikationen, abgerufen am 11.1.2010.

der Einrichtung und medizinisch-diakonischen Engagements besteht, z. B.: Teilhabe ermöglichen, Helfen, Verantwortung (auch für mich selbst) übernehmen.[129] Dann wurde den Schülerinnen und Schülern die Einrichtung in einem „Steckbrief" vorgestellt, der je eine Station eines „Themenfindungszirkels" darstellte. Im Klassenzimmer wurden mehrere Stationen eingerichtet, die im jeweils von allen durchlaufen werden mussten. Sie sollten in Gruppen jeweils an einer Station liegende Zettel ausfüllen, auf denen sie ihre Fragen notierten, die in die Richtung ihres „Forschungsvorhabens" zielten. Die Fragen wurden an der Station liegen gelassen, später je auf ein Plakat geklebt oder abgetippt und vervielfältigt sowie zur Diskussion gestellt. Im Verlauf des Kurses wurden immer wieder Vertreterinnen und Vertreter medizinischer und diakonischer Einrichtungen eingeladen.
Folgende Elemente aus dem Kombinationsmodell von *service learning* und *situated learning* bestimmen dieser Phase:

- Curriculare Anbindung (Bildungsplan Gymasium Baden-Würtemberg allgemein, Bildungsplan Evangelische Theologie und Biologie).
- Einführen von Wahrnehmungsgrößen über Fachliteratur und Gespräche mit Vertreterinnen und Vertreter verschiedener Einrichtungen.
- Teilweise selbständige Auswahl des Praktikumsplatzes, teilweise Auswahl innerhalb einer gewissen Vorauswahl.
- Mündliche Übereinkunft über Aufgaben im Praktikum. Schriftliche Vorgaben zur Forschungsarbeit, deren Fragestellung in das Praktikum hineinzunehmen war.

Phase 2: Das Praktikum
Ziele: Die Schülerinnen und Schüler sollen

- sich selbst vertiefter wahrnehmen, aber auch die Menschen, die in (diakonisch-)sozialen Einrichtungen begleitet werden,
- sich mit ihrer Forschungsfrage auf dem Hintergrund eigener Praxis und diakonischer Grunderfahrungen auseinandersetzen sowie
- diakonische und darüber hinaus gehende Kompetenzen entwickeln.

Beschreibung von Phase 2: In der Unterrichtszeit vor dem Praktikum konnte Überblickswissen zum Thema des Kurses erarbeitet werden (z. B. über Internet-Recherche). Während des Praktikums erfolgten Besuche durch die Lehrpersonen. Folgende Elemente des Kombinationsmodells zum Verantwortungslernen sind für diese Phase zu nennen:

- Besuch durch die Lehrpersonen
- Lernen in einer Kultur der Intergenerativität

Phase 3: Die Zeit bis zur Fertigstellung der Dokumentation zum Kolloquium bis zur Überreichung der Zertifikate
Ziele: Die Schülerinnen und Schüler sollen

---

[129] Frei nach Horstmann, Das Diakonische entdecken, 170 – 175.

- zur Beantwortung ihrer Forschungsfrage nach Kriterien der Wissenschaftlichkeit (wissenschaftliche Kompetenz) befähigt werden und
- evtl. zur Neuformulierung diese Frage angeregt aufgrund ihrer Praxiserfahrung;
- eine erweiterte Perspektive auf das Gemeinwesen / das Gemeinwohl entwickeln

Beschreibung von Phase 3: In der Zeit nach dem Praktikum konnte das Erlebte dargestellt und reflektiert werden – sowohl auf wissenschaftlicher Ebene als auch auf einer narrativen Ebene, in der die Tiefe des Geschehenen allen noch einmal bewusst wurde. Alles im Kurs Erlebte und Reflektierte mündete in eine Dokumentation und führte zum Erwerb (diakonischer) Kompetenzen. Eine feierliche Überreichung der Zertifikate folgte nach erfolgreicher Fertigstellung der Dokumentation und nach dem Bestehen des Kolloquiums.

Folgende Elemente des Kombinationsmodells wurden hier aufgegriffen:

- Festhalten des Erlernten (narrativ und als wissenschaftliche Arbeit)
- Anerkennung mit Zertifikat
- Möglich wäre darüber hinaus gewesen:
  Abschluss: Stellwände mit Fotos und Informationen, Podiumsdiskussion mit Vertreterinnen und Vertretern diakonisch-sozialer Einrichtungen in der Schule

Die genauen Inhalte der Forschungsfragen, die die Schülerinnen und Schüler beschäftigte, sind hier zusammengestellt, gebündelt über ein Rahmenthema, unter welchem sich die Schülerinnen und Schüler zusammenfanden:

Einzelthemen der Schülerinnen und Schüler	**Rahmenthemen (möglichst für 3 Einzelthemen)**
– Was macht den Menschen zum Menschen? Gibt es wesentliche Unterschiede im Sozialverhalten zwischen Mensch und Tier?	**Was macht den Menschen zum Menschen?**
– Ausbildung körperbehinderter Jugendlicher in einer diakonischen Einrichtung und ihre Eingliederung in die Arbeitswelt. – Leben in sozialer Schwäche: Ursachen und Auswirkungen – Diakonie im interkulturellen und interreligiösen Dialog	**Leben an der Grenze**
– Ursachen und Auswirkungen der Krankheit Demenz – Leben mit Behinderung früher und heute – Wie selbständig leben Menschen mit Behinderung in der heutigen Gesellschaft?	**(Verlust von) Selbständigkeit**

- Werden Kinder und Jugendliche mit Migrationshintergrund gut in die Gesellschaft integriert? - Bildungschancen von Menschen mit Migrationshintergrund in Deutschland - Gibt es Vorurteile gegenüber Obdachlosen in unserer Gesellschaft?	**Inklusion und Akzeptanz**[130]
- Vesperkirche – Teil des Sozialnetzwerkes - Die Motivation ehrenamtlicher Helferinnen und Helfer in unserer Gesellschaft - Armut – was bedeutet sie wirklich?	**Soziale Herausforderungen als Aufgabe an die Gesellschaft**
- Medizinische Behandlung von Krebspatienten - Kinderkrebs ist kein Kinderspiel - Psychosoziale Therapien für krebskranke Kinder	**Leben mit einer Krankheit**

III. Beschreibung der erworbenen Kompetenzen

Kompetenzen und Standards haben eine wichtige Funktion auch im Religionsunterricht. Eine allgemeine Definition dessen, was unter Kompetenzen zu verstehen ist, lautet: Kompetenzen sind „die bei Individuen verfügbaren oder auch durch sie erlernbaren kognitiven Fähigkeiten und Fertigkeiten ..., um bestimmte Probleme zu lösen, sowie die damit verbundenen motivationalen, volitionalen und sozialen Bereitschaften und Fähigkeiten, um die Problemlösungen in variablen Situationen erfolgreich und verantwortungsvoll nutzen zu können“[131]. Gabriele Obst kritisiert, dass Kompetenzen „... die notwendige, aber nicht hinreichende Bedingung dafür [sind], dass Schülerinnen und Schüler eine religiöse Mündigkeit entwickeln können.[132] Der Evangelische Religionsunterricht muss einen „Raum der Freiheit“ offenhalten „für die individuelle Begegnung mit christlichem Glauben und Leben“.[133] Dies gilt auch über den Religionsunterricht hinaus für jede Art des Lernens in evangelischer Verantwortung. Reformatorische Grundentscheidungen müssen sich, pädagogisch umgesetzt, widerspiegeln in Gestalt einer „... Unterscheidung zwischen Annahme der Person und ihrem Werk, zwischen Würde des Menschen und seiner Leistung ...[134] Erst auf diese Weise

---

130 Das ursprüngliche Rahmenthema lautete „Integration und Akzeptanz von Menschen am Rande der Gesellschaft“. Die Darstellung wurde an dieser Stelle überarbeitet.

131 Franz E. Weinert, Vergleichbare Leistungsmessung in Schulen – eine umstrittene Selbstverständlichkeit, in: Ders. (Hg.), Leistungsmessung in Schulen, Weinheim/Basel 2001 (17–31), 27f., zit. nach Hanisch, Unterrichtsplanung im Fach Religion, a.a.O., 175.

132 Gabriele Obst, Kompetenzorientiertes Lehren und Lernen im Religionsunterricht, Göttingen 2010, 3. Aufl., 224.

133 Obst, Kompetenzorientiertes Lehren und Lernen im Religionsunterricht, 225.

134 Obst, Kompetenzorientiertes Lehren und Lernen im Religionsunterricht, 224.

werden die Schülerinnen und Schüler frei zur Gewinnung einer religiösen Identität.[135]

In dieser Weise will auch die Beschreibung der Kompetenzen verstanden werden, die sich im Seminarkurs herausbildeten. Sie erfolgt im Rekurs auf den Diakoniewissenschaftler Martin Horstmann. Er hat die bisher vernachlässigte Frage aufgegriffen, wie diakonische Bildung im Kontext der organisierten Diakonie zu gestalten ist. Zwar handelt es sich hier um ein didaktisches Modell aus der beruflichen Bildung, dennoch lässt es sich auch schulpädagogisch interpretieren. Indem man für die *Schule* konzipierte Modelle der Didaktik *und* Modelle der *organisierten Diakonie* heranzieht, gelingt es, in einer für beide Seiten einsichtigen und befriedigenden Weise Kompetenzentwicklung zu fördern. Wer „nur" von der Schule aus auf die organisierte Diakonie blickt, läuft Gefahr, diesen Lernort zum „Lern-Objekt" zu degradieren; und wer „nur" von der organisierten Diakonie aus auf die Schule blickt, kann dazu neigen, schulische Bildung mit beruflicher Bildung zu identifizieren und damit Schülerinnen und Schüler zu überfordern und pädagogisch notwendiges Handeln zu unterlassen. Kinder und Jugendliche sollen Erfahrungen machen und Raum für ihre Selbstfindung haben. Dazu gehört unbedingt ihr Leben außerhalb der Schule und auch, dass man ihnen die Möglichkeit gibt, den Anforderungen *aller* Fächer an ihrer Schule an sie gerecht zu werden.

Kompetenzen, so Horstmann, beschreiben die Fähigkeiten der Subjekte zur Selbstorganisation, und diese steht in Analogie zu der im Bildungsbegriff enthaltenen Mündigkeit. Mündig bzw. selbstorganisiert ist, wer unter Bedingungen der Unbestimmtheit handlungsfähig ist.

Der Kompetenzbegriff ist anschlussfähig an das oben genannte Bildungsverständnis der EKD, in welcher der Zusammenhang von Wissen, Können, Wertebewusstsein, Haltungen und Handlungsfähigkeit betont wird.

Sowohl *Bildung* als auch *Kompetenz* stehen der Verzweckung kritisch gegenüber. Allerdings hat der Kompetenzbegriff die Fragen der Anwendung und der pragmatischen Relevanz im Blick. Der Bildungsbegriff stellt die Person als ‚ganzen Menschen' und das Moment der kritischen Verantwortung in den Mittelpunkt. Die Kompetenz nimmt eine Mittlerstellung ein zwischen geisteswissenschaftlichem Bildungsverständnis und funktionaler Orientierung an Fähigkeiten.

Martin Horstmann identifiziert vier Dimensionen diakonischer Kompetenz:

1. Die *Dimension der Fachkompetenz*: Diese fragt aus diakonischer Perspektive nach den leitenden Bildern der Fachlichkeit. Sie bezieht sich auf die

[135] Vgl. Obst, Kompetenzorientiertes Lehren und Lernen im Religionsunterricht, 225.

Grundannahmen sozial(beruflich)en Handelns und die dieses Handeln leitenden (ethischen) Vorstellungen, welche den inhaltlichen Zugängen zum Diakoniebegriff entsprechen, zum Beispiel Retten, Zuwenden, Befähigen.

Von Schülerinnen und Schülern kann natürlich nicht diese erst mit dem diakonischen Beruf gegebene Fachlichkeit erwartet werden. Im Rahmen eines Seminarkurses mit diakonisch-sozialem Schwerpunkt[136], zu dem auch ein 8-tägiges Praktikum gehörte, zeigte sich aber: Die Schülerinnen und Schüler erwarben die Fähigkeit, auf der Basis des ihnen angebotenen Materials und der eigenen Praxis Elemente eines diakonischen Ethos zu identifizieren und selbst zu formulieren.

2. Die *Dimension der personalen Kompetenz* bezieht sich auf die Haltung der helfend Tätigen. Sie fragt danach, wie der oder die Tätige mit sich selbst umgeht und sich in Beziehung zur Mitwelt und Umwelt setzt. Existenzielle Offenheit bei gleichzeitiger Aufrechterhaltung der eigenen Handlungsfähigkeit kennzeichnet diese Dimension.

   Soll diese Kompetenz im schulischen Kontext erworben werden, haben die Lehrpersonen besonders darauf zu achten, dass die Schülerinnen und Schüler es lernen, Grenzen zu setzen, zu sagen, wann ihnen etwas zu viel ist, aber auch darauf, dass sie etwas finden, an dem sie Freude haben, und Stärken (Kreativität, Einfühlungsvermögen etc.) zur Geltung bringen können.
3. Die *Dimension der sozialen Kompetenz* „bezieht sich auf die Fähigkeit der Perspektivübernahme und auf Grunddispositionen wie Anerkennung, Geltenlassen und sich in Anspruch nehmen lassen. Sie fordert dazu heraus, sein eigenes Handeln vom Gegenüber her reflektieren zu können.“[137] Es geht dabei um die Haltung, den Anderen als authentisches Subjekt wahrnehmen zu wollen.

   Diese Kompetenz ist m. E. auch aus schulpädagogischer Sicht grundlegend und vielen Schülerinnen und Schülern aus z. B. aus ihrer Teilnahme an Streitschlicherprogrammen vertraut. Sie gehört zu den Kompetenzen, die viele Schulen in ihrem Leitbild erwähnen und die für das schulische Gesamtleben unerlässlich ist.
4. Die *Dimension der Umsetzungskompetenz* bezieht sich auf die Angemessenheit des Handelns. Gutes Handeln zeichnet sich dadurch aus, dass es sich weder nur von wissenschaftlicher oder fachlicher Korrektheit

---

136 Dies ist dokumentiert in der bereits erwähnten Handreichung, die Klappenecker im Auftrag des Evangelischen Schulwerkes in Württemberg auf der Basis eines Seminarkurses mit diakonisch-sozialem Schwerpunkt erstellt hat.

137 Horstmann, Was ist „diakonische Kompetenz“?, a. a. O., 10.

(„Theorie") noch von rein pragmatischer Funktionalität („Praxis") leiten lässt.

Diese muss bereits im diakonischen Lernmodell angelegt sein. Nur intensive didaktische Vorarbeit kann zu dieser Kompetenz hinführen.

Es seien hier Beispiele aus dem Seminarkurs für diakonische Kompetenzentwicklung genannt.[138]

- *Soziale Kompetenz*: Schülerinnen und Schülern wird, z. B. im Gespräch mit mir als Lehrperson, deutlich, dass die Frage, warum manche Menschen lieber weiter auf der Straße leben, statt sich helfen zu lassen, nicht eigentlich „angemessen" gestellt ist, d. h. nicht aus der Perspektive des „Anderen", in diesem Falle: eines Obdachlosen.

  Vor dem Hintergrund der Erfahrung „schlechthinniger Abhängigkeit" (Schleiermacher) ist der Mensch bejaht und kann sein Leben in Freiheit und Gelassenheit gestalten, so Martina Kumlehn. Sie betont in Bezug auf die Seelsorge, aber m. E. auch darüber hinausgehend: Der Deutungshorizont ist offenzuhalten für „... das auch durch Deutungsanstrengungen hindurch schwer zu Bejahende ..., ja von hier aus sind allererst die Dimensionen des Gelingens von Leben recht zu bewerten".[139]

In Anlehnung an Martin Horstmann lassen sich die im Seminarkurs gewonnenen Kompetenzen der Schülerinnen und Schüler nun folgendermaßen beschreiben:

- *Personale Kompetenz:* Schülerinnen und Schüler entwickeln Sensibilität für Verletzliches und Schwaches, aber auch für die spezifischen Stärken der Menschen, die sie begleiten. Sie werden gemeinsam mit ihnen kreativ.
- *Fachkompetenz:* Schülerinnen und Schüler hinterfragen, vorbereitet durch gute Materialien, einen Leistungsbegriff, der die Wertschätzung eines Menschen einzig an seinem in Zahlen messbaren Erfolg, seinem Gesundheits- und Sozialstatus festmacht, und sie spüren etwas von der unverlierbaren Würde eines jeden Menschen.[140]
- *Fachkompetenz, Umsetzungskompetenz*: Sie erkennen einen Zusammenhang zwischen dem eigenen Impuls, Menschen Wertschätzung und Hilfe

---

[138] Siehe Klappenecker, Ge*Mein*wohl.

[139] Martina Kumlehn, Lebenskunst im Alter. Herausforderungen für (religiöse) Bildungsprozesse, in: Thomas Klie / Martina Kumlehn et al., Lebenswissenschaft Praktische Theologie?!, Berlin / New York 2011 (271–289), 280. Kumlehn bezieht sich auf: Friedrich Schleiermacher, Der christliche Glaube nach den Grundsätzen der evangelischen Kirche im Zusammenhange dargestellt, 7. Auflage, Bd. I, aufgrund der zweiten Auflage neu hg. von Martin Redeker, Berlin 1960, § 4, 23.

[140] Schülerinnen und Schüler sind dabei zu unterstützen, sich mit dem christlichen Würdeverständnis auseinanderzusetzen. Kirchenamt der EKD (Hg.), Kerncurriculum für das Fach Evangelische Religionslehre in der gymnasialen Oberstufe. Themen und Inhalte für die Entwicklung von Kompetenzen religiöser Bildung, EKD-Texte 109, Hannover 2010, 53ff. Im Folgenden abgekürzt *Kerncurriculum Oberstufe*.

entgegenbringen zu wollen und einem institutionellen Hilfsethos. Vielleicht entdecken sie auch Diskrepanzen zwischen Anspruch und Wirklichkeit und üben Kritik.

Sie werden sich der Bedeutung ehrenamtlicher Arbeit für das Gemeinwohl bewusst und geben dies weiter, indem sie ihre Tätigkeit z. B. auf von ihnen gestalteten Stellwänden in der Schule präsentieren oder Berichte für die Lokalpresse verfassen.

IV. Konsequenzen

Das eben beschriebene Projekt verdeutlicht, dass ein diakonisch gefasstes Verantwortungslernen auf der Basis von Bildungsstandards möglich ist. Die Teilnehmerinnen und Teilnehmer des Seminarkurses konnten ihre Leistungen in die Gesamtwertung des Abiturs einbringen. Diakonisch gefasstes Verantwortungslernen unterstützt die Grundintentionen der schon vorhandenen Bildungsstandards; es führt zur Hochschulreife. Gleichzeitig bereichert das oben beschriebene Verantwortungslernen die Kompetenzen und Standards um ganz spezifische Kompetenzen: Es ermöglicht beispielsweise neue Wahrnehmungen und Wahrnehmungseinstellungen sich selbst und anderen gegenüber, die in besonderer Weise außerhalb des Schulkontextes erworben werden können.

Im Dienste einer Verallgemeinerbarkeit des exemplarisch durchgeführten Verantwortungslernens kommt es nun darauf an zu verdeutlichen: 1. Diese Form des Lernens stellt keinen Sonderfall des Lernens dar, sondern kann, ja sollte zur Regel werden, da seine Bildungsintentionen kongruieren mit Bildungsstandards, die für den von Staat und Kirche gemeinsam verantworteten Religionsunterricht gelten und fachübergreifende Relevanz haben. So ist es beispielsweise offensichtlich, dass Verantwortungslernen die von der Schule anzustrebende Sozialkompetenz in besonderer Weise fördert. 2. Es bringt einen „Mehrwert" in die schulische Ausbildung, die von den vorliegenden Kompetenzen und Bildungsstandards noch nicht tiefgehend genug erfasst ist. Ausgewählte Kompetenzmodelle werden im Folgenden mit dem Fokus auf ihren Beitrag zu einem „Verallgemeinerbaren" und einem „Spezifischen" des diakonisch gefassten Verantwortungslernens untersucht.

Dritter Teil: Darstellung von Kompetenzmodellen im Blick auf auf ihre Bedeutung für das Verantwortungslernen

I. Einleitung

Es ist deutlich geworden, dass der Religionsunterricht sich einem Prozess nicht verweigern sollte, der den Erwerb von Kompetenzen fördern und verbessern will – so berechtigt eine kritische Haltung gegenüber einem Schul- und Bildungsverständnis auch ist, welches auf eine Funktionalisierung des Faches Religion hinausläuft.[141]

Diakonisch gefasstes Verantwortungslernen, im Folgenden abgekürzt: Verantwortungslernen, kongruiert mit dem Bildungsplan des Landes Baden-Württemberg und stellt darüber hinaus eine Bereicherung dar, wie das Projekt am Friedrich-List-Gymnasium erkennen ließ. Dies soll ein genauerer Blick auf diesen Bildungsplan zeigen.

Das so genannte Michelbacher Modell diakonisch-sozialen Lernens in der Tradition des *situated learning*, analysiert von Christoph Gramzow, soll anschließend skizziert werden. Nach diesem Modell wird am Gymnasium und Aufbaugymnasium in evangelisch-kirchlicher Trägerschaft das Fach „Diakonie" unterrichtet, an dem gemäß den Vorgaben des baden-württembergischen Bildungsplanes die Allgemeine Hochschulreife erworben werden kann. Die Bedeutsamkeit des *situated learning* für das Verantwortungslernen nicht nur in Schulen kirchlicher Trägerschaft wurde bereits hervorgehoben.

Es folgt die Darstellung zweier grundlegender Schriften. Es handelt sich um das „Kerncurriculum für das Fach Evangelische Religionslehre in der gymnasialen Oberstufe" und den Orientierungsrahmen zu „Kompetenzen und Standards für den Evangelischen Religionsunterricht in der Sekundarstufe I". Das „Kerncurriculum" (EKD-Texte 109)[142] und der „Orientierungsrahmen" (EKD-Texte 111)[143] beschreiben Kompetenzen und Standards, wel-

---

[141] Siehe Matthias Hahn, Evangelischer Religionsunterricht in Ostdeutschland 2020, in: Hartmut Rupp / Stefan Hermann (Hg.), Religionsunterricht 2020. Diagnosen – Prognosen – Empfehlungen, Stuttgart 2013 (86–97), 93.

[142] Kerncurriculum Oberstufe, a.a.O.

[143] Kirchenamt der EKD (Hg.), Kompetenzen und Standards für den Evangelischen Religionsunterricht in der Sekundarstufe I. Ein Orientierungsrahmen, Hannover 2010. Im Folgenden abge-

che mit den Empfehlungen der Gemischten Kommission zur Reform des Theologiestudiums (EKD-Texte 96) korrespondieren[144]. Alle drei EKD-Texte bilden einen abgestimmten Referenzrahmen, der für die Kultusministerkonferenz (KMK) und die einzelnen Bundesländer erstellt wurde.[145] Sie haben den Anspruch, Kompetenzen und Standards so zu bestimmen, dass sie sowohl den spezifischen Aufgaben des Religionsunterrichtes gerecht werden, als auch dessen Beitrag zum allgemeinen schulischen Bildungs- und Erziehungsauftrag stärken.[146] Selbstverständliche Voraussetzung der EKD-Schriften ist:

Der Religionsunterricht wird als einziges Fach gemeinsam von Staat und Kirche als „ordentliches Lehrfach" verantwortet. Im Beschluss der 10. Synode der Evangelischen Kirche in Deutschland auf ihrer 4. Tagung zum Religionsunterricht in der gymnasialen Oberstufe wird festgehalten, dass die EKD für den Religionsunterricht als ordentliches Unterrichtsfach in allen Schulformen und Schuljahresstufen eintritt. Es wird betont: „Aus der Perspektive des Artikels 4 GG dient der *Religionsunterricht* nach Artikel 7 (3) GG der *Sicherung der Grundrechtsausübung* durch den einzelnen. [...] Dem Staat selber ist daran gelegen, daß die nachwachsende Generation sich mit den ihn tragenden Werten und ihrer kulturellen, weltanschaulichen und religiösen Herkunft auseinandersetzt, sie kritisch befragt und positiv füllt."[147]

Entsprechend diesem Anliegen ist es die Zielsetzung der Arbeit in der gymnasialen Oberstufe, auf eine vertiefte Allgemeinbildung, d. h. allgemeine Studierfähigkeit und Wissenschaftspropädeutik hin zu wirken, indem auch der religiösen Dimension des Lernens Rechnung getragen wird. Deshalb muss der Religionsunterricht in der gymnasialen Oberstufe nicht nur ein verpflichtendes Belegungsfach bleiben, sondern auch ein anwählbares

kürzt: *Orientierungsrahmen Sek I.* In diesem Text ist das Kompetenzmodell des Comenius-Institutes positiv aufgenommen, fachdidaktisch profiliert und erweitert um zusätzliche Aspekte der Wertebildung – so Obst, Kompetenzorientiertes Lehren und Lernen im Religionsunterricht, 106. Siehe Dietlind Fischer / Volker Elsenbast (Red.), Grundlegende Kompetenzen religiöser Bildung. Zur Entwicklung des Evangelischen Religionsunterrichts durch Bildungsstandards für den Abschluss der Sekundarstufe I, Münster 2006. Eine zusammenfassende Darstellung dieser bundesländerübergreifenden Expertise des Comenius-Institutes findet sich in: Obst, Kompetenzorientiertes Lehren und Lernen im Religionsunterricht, 94–106.

144 Kirchenamt der EKD (Hg.), Theologisch-Religionspädagogische Kompetenz. Professionelle Kompetenzen und Standards für die Religionslehrerausbildung (EKD-Texte 96), Hannover 2009.

145 Nikolaus Schneider im Vorwort zu: EKD, Orientierungsrahmen Sek I, 5f.

146 EKD, Orientierungsrahmen Sek I, 15.

147 Kirchenamt der EKD (Hg.), Identität und Verständigung. Standort und Perspektiven des Religionsunterrichts in der Pluralität. Eine Denkschrift der Evangelischen Kirche in Deutschland, Gütersloh 1994, 38f. Kursivdruck wie Original.

schriftliches und mündliches Abiturfach bleiben.[148] Auch die Verfasserinnen und Verfasser des Orientierungsrahmens für die Sekundarstufe I betonen, dass eine differenzierte religiöse Bildung Leitziel des Evangelischen Religionsunterrichtes ist.[149] Jugendlichen in dieser Stufe sollten für sie existenziell bedeutsame Situationen zur Reflexion angeboten werden, auch wenn der Sinn von Religion nicht in der Bewältigung aktueller Anforderungssituationen aufgeht.[150]

Im Jahr 2011 erschienen die Studie „Religiöse Kompetenz als Teil öffentlicher Bildung" von Dietrich Benner, Rolf Schieder, Henning Schluß und Joachim Willems. Die Wissenschaftler haben im Rahmen eines empirischen Forschungsprojektes vor dem besonderen bildungspolitischen Hintergrund ihres Bundeslandes die Frage verfolgt, wie sich religiöse Kompetenz im öffentlichen Bildungssystem definieren und mit Blick auf den evangelischen Religionsunterricht messen lassen kann. Die daraus hervorgegangene Studie stellt eine für den Religionsunterricht an öffentlichen Schulen ausgearbeitete und am Beispiel des evangelischen Religionsunterrichts ausgearbeitete Konzeption vor.[151] Es wird deutlich: Religiöse Kompetenz ist keine Sonderkompetenz für eine sich verkleinernde Schar weniger Eingeweihter, sondern ein Grundelement der Allgemeinbildung. Da Verantwortungslernen in diakonischer Perspektive, wie bereits deutlich wurde, religiöse Kompetenz fördert („Verantwortung vor"), ist diese Studie ebenfalls bedeutsam.

II. Die Kompetenzmodelle

1. *Der Bildungsplan des Landes Baden-Württemberg*

Baden-Württemberg ist das Bundesland, in dem die Kompetenzentwicklung bei den Lehrplänen am weitesten fortgeschritten ist.[152] Die Entwicklung von Kompetenzen stellt die bildungspolitische Reaktion auf das Bild des deutschen Bildungssystems dar, welches internationale Vergleichsuntersuchungen, u. a. PISA und IGLU, offengelegt hatten. Es wurde deutlich, dass das deutsche Bildungssystem gegenüber anderen europäischen und nichteuropäischen Ländern große Schwächen aufwies. Besonders erschütternd war die

---

148 Siehe Beschluss der 10. Synode der Evangelischen Kirche in Deutschland auf ihrer 4. Tagung zum Religionsunterricht in der gymnasialen Oberstufe, 10. November 2005. Abrufbar unter: http://www.ekd.de/synode 2005/beschluesse_religonsunterricht.html. Abruf am 28.7.2013.

149 Siehe EKD, Orientierungsrahmen Sek I, 11.

150 Siehe EKD, Orientierungsrahmen Sek I, 14.

151 Benner et al., Religiöse Kompetenz, a.a.O. Siehe besonders Kap. I.1.

152 Siehe Hanisch, Unterrichtsplanung im Fach Religion, a.a.O., 176.

Feststellung, dass eine große Zahl der Schülerinnen und Schüler hierzulande keinen Schulabschluss erreicht und der Schulerfolg von der sozialen Herkunft mitbestimmt wird.[153] Es kam zu einer Entwicklung von Bildungsstandards.[154] Erreichte „Effekte“ und „Wirkungen“ von Bildungsbemühungen werden „messbar“ gemacht, indem sie mit vorgegebenen Standards, die zu erreichen sind, verglichen werden.[155] Bildungsstandards „greifen allgemeine Bildungsziele auf. Sie benennen die Kompetenzen, welche die Schule ihren Schülerinnen und Schülern vermitteln will, damit bestimmte zentrale Bildungsinhalte erreicht werden. Die Bildungsstandards legen fest, welche Kompetenzen die Kinder und Jugendlichen bis zu einer bestimmten Jahrgangsstufe erworben haben sollen.“[156] Bei der Bestimmung von Bildungsstandards geht es also um Kompetenzen, durch welche die grundlegenden Bildungsziele der allgemeinbildenden Schulen in bestimmten Jahrgangsstufen erreicht werden sollen.

Es werden in der Regel vier Kompetenzbereiche unterschieden, an denen sich die Bildungs- und Erziehungsarbeit in der Schule zu orientieren hat: Die *Personalkompetenz*, die die Entwicklung von Identität und Wertvorstellungen umfasst, die *Sozialkompetenz*, die den Erwerb der Bereitschaft und Fähigkeit zum Eingehen und zur Gestaltung sozialer Beziehungen umschreibt, die *Methodenkompetenz*, die die Bewältigung von Aufgaben zielgerichtet und geordnet ermöglicht, und die *Fachkompetenz*, mit Hilfe derer erworbene Fachkenntnisse zur selbständigen Lösung von Aufgaben beitragen.[157] Die vier Bereiche lassen sich nicht eindeutig voneinander abgrenzen. Im Unterricht bilden sie den Hintergrund, vor dem im Zusammenhang mit dem Lehrplan die je fachspezifischen Kompetenzen zu erwerben sind.[158] Der Kompetenzerwerb setzt nachhaltiges Lernen voraus. Dies impliziert, dass auf bereits erworbene Kompetenzen zurückgegriffen wird, dass Lerngegenstände und -programme aufeinander aufgebaut werden, systematisch verknüpft und

---

[153] Siehe Hanisch, Unterrichtsplanung im Fach Religion, a.a.O., 173.

[154] Siehe Eckhart Klieme, Zur Entwicklung nationaler Bildungsstandards. Eine Expertise, Bonn/ Berlin 2007. Siehe auch: Dietlind Fischer / Volker Elsenbast (Red.), Grundlegende Kompetenzen religiöser Bildung Zur Entwicklung des evangelischen Religionsunterrichts durch Bildungsstandards für den Abschluss der Sekundarstufe I, a.a.O.

[155] So Hanisch, Unterrichtsplanung im Fach Religion, 174, im Anschluss an Ewald Terhart, Nach PISA: Bildungsqualität entwickeln, Hamburg 2002, 104.

[156] Eckhart Klieme, Zur Entwicklung nationaler Bildungsstandards, a.a.O., 13, www.dipf.de/ bildungsstandards_zit. nach Hanisch, Unterrichtsplanung im Fach Religion, 174.

[157] Hier folge ich Hanisch, Unterrichtsplanung im Fach Religion, a.a.O., 175ff., der die Kompetenzen sehr ausführlich beschreibt.

[158] Siehe Hanisch, Unterrichtsplanung im Fach Religion, a.a.O., 176. Hanisch konkretisiert: „Dabei geht es beispielsweise darum, im Einzelnen anzugeben, welche Methoden (Methodenkompetenz) die Schülerinnen und Schüler bei der Behandlung des Themas *Der Wiener Kongress* im Geschichtsunterricht oder welches Fachwissen (Fachkompetenz) sie bei der Behandlung des Themas *Evolutionstheorie* im Fach Biologie erwerben sollen.“

durch Wiederholung und Übung aktiv gehalten werden. Der Kompetenzerwerb wird optimiert durch anwendungs- und handlungsorientiertes Lernen, die Bearbeitung komplexer Aufgabenstellungen, wechselnde Sozialformen und möglichst selbständiges Lernen. Die neuen Bildungspläne enthalten Bildungsstandards für alle Fächer.[159]

Kann man im Blick auf den Religionsunterricht bedingungslos dem zustimmen, wenn doch das „Wichtigste und Beste am Religionsunterricht, aber auch an der Schule" sich sicherlich „nicht in Kompetenzen und Standards"[160] ausdrücken lässt? Religiöse Bildung kann und darf doch letztlich nicht intentional herbeigeführt werden.[161] Im Fach „Religion" ist man in besonderer Weise mit der „Unverfügbarkeit" pädagogischen Handelns konfrontiert und trägt zur Entwicklung sehr komplexer Kompetenzen bei.[162] Wenn Kinder und Jugendliche für ihr Aufwachsen „Erfahrungen und Begegnungen, Einsichten und Anstöße, die sich nicht operationalisieren oder messen lassen"[163], brauchen, dann führt dies sicherlich auch dazu, eine bestimmte Form der Kompetenzorientierung auch zu hinterfragen. So kam es in Baden-Württemberg zu folgender Lösung: Während sich die anderen Fächer an den genannten personalen, sozialen, methodischen und fachlichen Kompetenzen orientieren, liegen den Bildungsplänen für Evangelische Religionslehre neun Kompetenzen zugrunde.[164] Auf diese Weise möchte man dem Proprium des Religionsunterrichts differenziert und umfassend gerecht werden.[165]

Es ist im Blick auf die die hier gestellte Aufgabe unerlässlich, diese neun Kompetenzen im vollen Wortlaut wiederzugeben, wie sie gleichlautend in

---

159 Siehe Hanisch, Unterrichtsplanung im Fach Religion, 179.

160 Hanisch, Unterrichtsplanung im Fach Religion, 179. Er bezieht sich u. a. auf Friedrich Schweitzer, Bildungsstandards auch für Evangelische Religion?, in: Zeitschrift für Pädagogik und Theologie, 2004, Heft 3 (236–241), 240f.

161 Vgl. hierzu auch Hanisch, Unterrichtsplanung im Fach Religion, 179.

162 Hanisch, Unterrichtsplanung im Fach Religion, 179, in Bezug auf Bernhard Dressler, Bildung – Religion – Kompetenz, in: Zeitschrift für Pädagogik und Theologie, H. 3, 2004 (258–263), 261.

163 Friedrich Schweitzer, Bildungsstandards auch für Evangelische Religion?, a.a.O., 240f., zit. nach Hanisch, Unterrichtsplanung im Fach Religion, 179.

164 Siehe Hanisch, Unterrichtsplanung im Fach Religion, 179 – 181. Die Kritik am baden-württembergischen Bildungsplan durch die Wissenschaftler Benner, Schieder, Schluß und Willems ist harsch. Sie schreiben: „So drängt sich der Verdacht auf, dass der neue baden-württembergische Lehrplan ein Entwurf ist, der das bildungstheoretische Vokabular älterer Pläne durch ein kompetenztheoretisches Vokabular austauscht, ohne die Stimmigkeit und Erreichbarkeit der Ziele zu überprüfen. Es reicht nicht, durch Lehrpläne als Input einzugeben, was als Output von Lehr-Lernprozessen herauskommen soll. Besonders problematisch erweist sich ein solches Vorgehen, wenn es zu einer Normierung personaler und sozialer Lebensformen führt, die mit staatlichen Eingriffen in die Wahl der eigenen Lebensform einhergehen, welche den Bildungsauftrag des öffentlichen Schulsystems überschreiten …" Benner et al., Religiöse Kompetenz, 22f.

165 Siehe Hanisch, Unterrichtsplanung im Fach Religion, 180.

den Bildungsplänen der Grundschule, Hauptschule, Realschule und des Gymnasium in Baden-Württemberg zu finden sind:[166]

„Unter dem Zuspruch und Anspruch Gottes und im Blick auf entwicklungsgemäßes, ganzheitliches und handlungsbezogenes Lernen fördert der evangelische Religionsunterricht den Erwerb religiöser Kompetenz als Teil allgemeiner Bildung.

Religiöse Kompetenz ist zu verstehen als Fähigkeit, die Vielgestaltigkeit von Wirklichkeit wahrzunehmen und theologisch zu reflektieren, christliche Deutungen mit anderen zu vergleichen, die Wahrheitsfrage zu stellen und eine eigene Position zu vertreten sowie sich in Freiheit auf religiöse Ausdrucks- und Sprachformen (zum Beispiel Symbole und Rituale) einzulassen und sie mitzugestalten.

In diesem Rahmen fördert der evangelische Religionsunterricht folgende Kompetenzen:

Hermeneutische Kompetenz als Fähigkeit, Zeugnisse früherer und gegenwärtiger Generationen und anderer Kulturen, insbesondere biblische Texte zu verstehen und auf Gegenwart und Zukunft hin auszulegen.

Ethische Kompetenz als Fähigkeit, ethische Probleme zu identifizieren, zu analysieren, Handlungsalternativen aufzuzeigen, Lösungsvorschläge zu beurteilen und ein eigenes Urteil zu begründen, um auf dieser Grundlage verantwortlich zu handeln.

Sachkompetenz als Fähigkeit, über religiöse Sachverhalte, Kernstücke der biblisch-christlichen Tradition und des christlichen Lebens Auskunft zu geben und deren Bedeutung für unsere Kultur zu benennen.

Personale Kompetenz als Fähigkeit, sich selbst, andere Personen und Situationen einfühlsam wahrzunehmen, persönliche Entscheidungen zu reflektieren und Vorhaben zu klären.

Kommunikative Kompetenz als Fähigkeit, eigene Erfahrungen und Vorstellungen verständlich zu machen, anderen zuzuhören, Rückmeldungen aufzunehmen, unterschiedliche Sichtweisen aufeinander zu beziehen und gemeinsam nach Handlungsmöglichkeiten zu suchen.

Soziale Kompetenz als Fähigkeit, mit anderen rücksichtsvoll und verantwortungsbewusst umzugehen, für andere, insbesondere für Schwache einzutreten, Konfliktlösungen zu suchen, gemeinsame Vorhaben zu entwickeln, durchzuführen und zu beurteilen.

---

[166] Exemplarisch wird hier aus dem Bildungsplan für das allgemeinbildende Gymnasium zitiert, siehe: Ministerium für Kultus, Jugend und Sport Baden-Württemberg (Hg.), Bildungsplan 2004: Allgemeinbildendes Gymnasium (abrufbar unter www.bildung-staerkt-menschen.de/unterstuetzung/Schularten/Gymn/bildungs-standards), 25f.

Methodische Kompetenz als Fähigkeit, Aufgaben zu erfassen, Sachverhalte zu recherchieren, Inhalte zu erschließen, Lernprozesse selbstständig [sic] zu organisieren sowie Erkenntnisse und Ergebnisse zu präsentieren.

Ästhetische Kompetenz als Fähigkeit, Wirklichkeit, insbesondere Bildende Kunst, Musik und Literatur sensibel wahrzunehmen, auf Motive und Visionen hin zu befragen und selbst kreativ tätig zu werden."

Die Bildungsstandards Evangelische Religionslehre sind in sieben Dimensionen aufgeteilt. Sie stellen die theologische Struktur des Lehrplanes dar.[167]

1. Mensch;
2. Welt und Verantwortung;
3. Bibel;
4. Gott;
5. Jesus Christus;
6. Kirche und Kirchen;
7. Religionen und Weltanschauungen.

Den Dimensionen sind Bildungsstandards, d. h. Kompetenzen zugeordnet, die im Zweijahresrhythmus zu erwerben sind. Kompetenzen sind Konkretionen von Bildungsstandards.[168]

Den sieben Dimensionen korrespondieren also je nach Schuljahren bestimmte Kompetenzen. So korrespondiert etwa im 5./6. Schuljahr Realschule oder Gymnasium der Dimension Mensch die Kompetenz, respektvoll mit sich selbst und anderen umzugehen zu können auf der Grundlage des christlichen Schöpfungsverständnisses. Oder der Dimension „Welt und Verantwortung" korrespondiert im 5./6. Schuljahr die Kompetenz, über Gefähr-

---

167 Siehe Hanisch, Unterrichtsplanung im Fach Religion, 182–184.

168 „Bildungsstandards sind normative Setzungen, die präzise definieren, was von den Schüler/innen erwartet wird. Sie sind klare und verbindliche Anforderungen an das Lernen und Lehren innerhalb eines schulformübergreifenden Rahmenkonzepts schulischer Bildung. [...] Im Unterschied zu bisherigen Lehrplänen fokussieren Bildungsstandards zentrale, kumulativ und langfristig zu erwerbende Lernergebnisse. Nicht ein Katalog von Lernzielen ist die Grundlage, sondern ein jeweils fachdidaktisch verankertes und begründetes Konzept von Kompetenzen, ihren Abstufungen und Entwicklungen bildet den Referenzrahmen für Bildungsstandards." Dietlind Fischer / Volker Elsenbast (Red.), Grundlegende Kompetenzen religiöser Bildung. Zur Entwicklung des evangelischen Religionsunterrichts durch Bildungsstandards für den Abschluss der Sekundarstufe I, a.a.O. 10.
„Kompetenzen sind inhalts- und bereichsspezifische Konkretionen der Standards. Diese Konkretion wird gebraucht, wenn man empirisch erkennen bzw. nachweisen will, in welchem Ausmaß und bis zu welchem Anteil Bildungsstandards tatsächlich erreicht werden. Darüber hinaus ist die Ausarbeitung inhaltsspezifischer Kompetenzen nicht nur für die Ermittlung von Wirksamkeiten des Unterrichts bezogen auf eine ganze Lerngruppe nützlich, sondern ebenso für individualdiagnostische Zwecke erforderlich: Was ein Schüler/eine Schülerin schon kann und wo bzw. in welche Richtung er/sie das Können erweitern und verbessern kann, das ist nur mit Hilfe eines Konzepts oder Modells inhaltsspezifischer Kompetenzen zu ermitteln." Fischer/Elsenbast, Grundlegende Kompetenzen religiöser Bildung, 11.

dungen der Natur und Möglichkeiten zur Bewahrung der Schöpfung Auskunft geben zu können.[169]

Die Inhalte, durch die die Kompetenzen zu erwerben sind, sind in Gestalt von Themenfeldern vorgegeben. So ist in der 5./6. Klasse Gymnasium etwa das Themenfeld „Evangelisch – Katholisch" und „Ökumene" vorgegeben, in der 8. Klasse sind es u. a. die „Fünf Säulen des Islam" etc.

Im Lehrplan des Landes Baden-Württemberg werden darüber hinaus Niveaustufen unterschieden.[170] Sie geben den Grad der geistigen Durchdringung des Lernstoffes an. Dabei sind Verben wie „wahrnehmen", „sprechen", „erarbeiten", „planen" in den Formulierungen der Kompetenzen zu finden. Sie werden in den vier Kategorien I. Kognitiver Bereich; II. Sprachlich-kommunikativer Bereich; III. Methodisch-gestalterischer Bereich; IV. Personaler und sozialer Bereich zusammengefasst. Jeder Kategorie werden jeweils drei Niveaustufen zugeordnet („reaktiv"; „aktiv"; „konstruktiv").

In einer kritischen Würdigung des baden-württembergischen Modells nennen Hanisch und Obst folgende Aspekte:[171]

Schülerinnen und Schüler werden zu der Einsicht geführt, dass ihnen das Wissen, das sie im Fach Religion erwerben, von Nutzen ist. Denn das Lernen ist darauf angelegt, komplexe Situationen „anwendungsbezogen" und, soweit möglich, „handlungsorientiert" zu bewältigen.[172]

Den Unterrichtenden werden bei aller Verbindlichkeit der vorgegebenen Bildungsstandards große Entscheidungsspielräume gegeben bei der Festlegung der Unterrichtsinhalte und des unterrichtlichen Arrangements. So kann von der Erstellung des Stoffverteilungsplans bis hin zur Festlegung einzelner Lernsituationen die Unterrichtsplanung stark adressatenbezogen realisiert werden. Allerdings müssen die Freiheitsspielräume sinnvoll ausgestaltet werden. Dies kann in kollegialer Kooperation geschehen, die in verbindliche Absprachen einmünden muss.

Die Frage, an welcher Stelle die Didaktische Analyse einzusetzen hat, bleibt offen. Sinnvoll erscheint dies im Zusammenhang mit der Bündelung von Kompetenzen zu einer Unterrichtseinheit. Nur so ist gewährleistet, dass ein inhaltlich und sachlich begründeter thematischer Zusammenhang generiert wird.

Die Teilkompetenzen, die zur religiösen Kompetenz gehören, sind nicht systematisch abzuleiten aus dem Begriff der „religiösen Kompetenz". Warum

---

[169] Diese Beispiele sind angelehnt an Hanisch, Unterrichtsplanung im Fach Religion, 182.

[170] Hier beziehe ich mich, so weit nicht anders angegeben, auf die zusammenfassende Darstellung von Hanisch, Unterrichtsplanung im Fach Religion, 185.

[171] Siehe Hanisch, Unterrichtsplanung im Fach Religion, 213f.

[172] Siehe Hanisch, Unterrichtsplanung im Fach Religion, 213.

gehören gerade diese und nicht andere Teilkompetenzen zur religiösen Kompetenz?[173]

Die Verschränkung der Standards mit Inhalten ist nur teilweise gelungen. Die Inhalte der alten Lehrpläne sind stellenweise einfach übernommen worden. So ist der Bildungsplan stark inhaltslastig.[174]

2. *Das „Michelbacher Modell" in der Revision durch Christoph Gramzow*

Christoph Gramzow hat die tatsächlich bei den Schülerinnen und Schülern feststellbaren Kompetenzen dieses Modells in seiner Habilitationsschrift evaluiert und sie abgeglichen mit jenen, die als Zielbeschreibung genannt werden. Dies hat ihn zur Empfehlung einer teilweisen Überarbeitung der Zielbeschreibung veranlasst und zur Entwicklung neuer Perspektiven diakonisch-sozialen Lernens.[175] An diese Perspektiven anknüpfend, kann der Weg zur Verallgemeinerbarkeit des Verantwortungslernens weiter verfolgt werden.

Die Michelbacher Schülerinnen und Schüler sollen sprach-, deutungs- und handlungsfähig werden in Auseinandersetzung mit „epochalen Schlüsselproblemen" (W. Klafki). Das Fach Diakonie will Folgendes ermöglichen:

„Lernen außerhalb der Schule
interessanten Menschen begegnen
praktisch tätig sein und mithelfen
soziale Berufsfelder kennen lernen
über diakonische Erfahrungen nachdenken."[176]

So sollen die Schülerinnen und Schüler *Handlungsfähigkeit* erwerben im Rahmen von Praktika in diakonisch-sozialen Einrichtungen, *Deutungsfähigkeit* in Bezug auf die soziale Wirklichkeit und *Sprachfähigkeit* durch reflektierende Vor- und Nacharbeit der Praxis in Einzel- und Gruppengesprächen und in der schriftlichen Form eines Praktikumsberichtes. Darüber hinaus will das Fach Diakonie auch dem Erziehungsauftrag der Schule und dem mit Diakonie verbundenen geistlichen Moment gerecht werden. Insbesondere

---

173 Siehe Obst, Kompetenzorientiertes Lehren und Lernen im Religionsunterricht, 86.

174 Siehe Obst, Kompetenzorientiertes Lehren und Lernen im Religionsunterricht, 86f. Obst führt noch weitere Kritikpunkte an.

175 Zur Vorgeschichte des „Michelbacher Modells" siehe Gramzow, Diakonie in der Schule, 123ff.

176 Reinhart Gronbach, Diakonisch-soziales Lernen: Ein Curriculum (das Michelbacher Modell), in: Adam et al. (Hg.), Unterwegs zu einer Kultur des Helfens, a.a.O. (94–114), 96. Anordnung der Zeilen in „Treppenstufen" wie im Original. In der Darstellung des Michelbacher Modells folge ich, soweit nicht anders angegeben, Gramzow, Diakonie in der Schule, 126–124.

die Praktika sollen „das Einüben in Verantwortung“[177] ermöglichen und zur Ausbildung von Sekundärtugenden führen wie „Verlässlichkeit, Pünktlichkeit, Rücksichtnahme und Respekt“.[178] Den Schülerinnen und Schülern soll die entscheidende Rolle des Christentums bei der Entwicklung sozialen Engagements und bei der Herausbildung der sozialen Ausbildung heutiger Staaten deutlich werden. Diakonie soll von ihnen „als grundlegende Lebensäußerung der Kirche“[179] erfahren werden. Sie sollen sich „v. a. die in der Nachfolge Jesu stehende Bereitschaft zum Selbstverzicht und zum hingebungsvollen Einsatz für andere“ erarbeiten.[180] Die seelsorgerlich-geistliche Dimension von Diakonie kann ihnen bewusst werden in der Auseinandersetzung mit den Glaubens- und Lebensüberzeugungen anderer, so Gramzow in seiner Darstellung des Michelbacher Modells. Der Unterricht im Fach Diakonie ist *handlungsorientiert*, *fächerübergreifend*, *kooperativ* und ausgerichtet auf die Entwicklung von *Empathie*. Im „Sich-Betreffen-Lassen“ und im Tun geschieht diakonisches Lernen.[181] Die Praktika werden von Schülerinnen und Schülern ab der Klasse 8 bis zur Abiturklasse besucht. Sie ermöglichen u. a. eine Begegnung mit Menschen mit Behinderung, mit alten Menschen und mit Obdachlosen. Die Präsenz am „Tag der offenen Tür“ des Krankenhauses der Diakonie in Schwäbisch Hall mit einem Informationsstand gehört ebenso in die Praktikumsphase wie die Mitarbeit beim Sommerfest für behinderte Erwachsene und die Durchführung eines Seniorennachmittags. Auch die Präsenz an einem Verkaufs- und Informationsstand in Bezug auf die Eine-Welt-Problematik ist vorgesehen. In den oberen Klassen ist ein Praktikum im Krankenhaus und im Hospiz geplant, alternativ die Betreuung und Pflege von Menschen mit Behinderung.

Das Fach „Diakonie“ ist orientiert am Bildungsplan des Landes Baden-Württemberg und soll diese Kompetenzen fördern: *Personale Kompetenz*, *Soziale Kompetenz*, *Methodenkompetenz* und *Fachkompetenz*.[182]

Den Mittelpunkt bildet die *Diakonische Kompetenz*. Das bedeutet z. B., dass die Personale Kompetenz des Einfühlungsvermögens, die Soziale Kompetenz der Kommunikations- und Kooperationsfähigkeit und die Fachkompetenz, z. B. Fachkenntnis über die eine soziale Einrichtung, über die Aus-

---

[177] Gramzow, Diakonie in der Schule, 127, in Bezug auf Gronbach, Diakonisch-soziales Lernen, 97.

[178] Gramzow, Diakonie in der Schule, 127.

[179] Gronbach, Diakonisch-soziales Lernen, 98, zit. nach Gramzow, Diakonie in der Schule, 127.

[180] Gramzow, Diakonie in der Schule, 127, im Anschluss an Gronbach, Diakonisch-soziales Lernen, 98. Vom christlichen Gedanken her, dass die Selbstliebe erst die Nächstenliebe konstituiert, ist dies nicht ohne Weiteres nachvollziehbar, auf jeden Fall dann nicht, wenn Selbstverzicht in eine Richtung von Selbstaufgabe kippt.

[181] Gramzow, Diakonie in der Schule, 128, nach Gronbach, Diakonisch-soziales Lernen, 98; 100.

[182] Eine ausführliche Darstellung der Kompetenzen sowie des Schulcurriculums findet sich in Gronbach, Diakonisch-soziales Lernen, 101–114.

einandersetzung mit der Diakonie erworben werden. Das gilt auch für die Methodenkompetenz: Die Schülerinnen und Schüler müssen dokumentieren, was sie wahrgenommen und recherchiert haben, dies präsentieren sowie eigene soziale Aktivitäten planen und durchführen können (z. B. einen Seniorennachmittag). Das Curriculum[183] soll hier nur skizziert werden: Durchgehend in allen Jahrgangsstufen finden sich Themen und Praktikumsmöglichkeiten zum Umgang mit Menschen mit Behinderungen. Die folgenden weiteren inhaltlichen Schwerpunkte bilden die Basis des Curriculums, welches in der Zeit vor der Einführung von „G 8", also der neunjährigen Gymnasialzeit, entstanden ist. Im Zuge der Umstellung auf „G 8" sind Umverteilungen vorgenommen worden. Prinzipiell müssen die Schwerpunkte je ein Schuljahr nach vorne verlagert werden. Hier zunächst die Darstellung nach „G 9", die Gramzows Studie zugrunde liegt.[184]

Klassen 8/9:
Diakonie als kirchliches Handlungsfeld
Soziale und diakonische Aufgaben vor Ort
Zusammensein mit Menschen mit Behinderungen
Geschichte der Behindertenarbeit vor Ort
Zu allen Erfahrungsfeldern sind Berichtsblätter zu führen

Klassen 9/10:
Sozialstaatlichkeit – Sozialpolitik
Neue Armut und Obdachlosigkeit
Seniorenarbeit
Kontinuierliche Nachbarschaftshilfe
Ein Praktikumsbericht und ein Referat sind zu erstellen, die Berichtsblätter sind zu führen

Klassen 10/11:
Ökumenische Diakonie
Migrations- und Asylproblematik
Kriminalität und Strafvollzug
Hilfe für Kinder und Erwachsene mit Behinderungen
Eine kontinuierliche soziale Aufgabe (Nachbarschaft, Gemeinde)
Zweiwöchiges diakonisches Praktikum nach freier Wahl
Jahresarbeit und Berichtsblätter

---

183 Ders., ebd.

184 Ich übernehme die Zusammenfassung von Christoph Gramzow im Wortlaut (Gramzow, Diakonie in der Schule, 131–132).

Klassen 12/13:
Einführung in Diakoniewissenschaft
Strukturen, Probleme und Perspektiven der Diakonie und des Sozialwesens in der Gegenwart
Einblick in Pflegeberufe am Beispiel des Krankenhauses und Hospizes
Vertiefung zum Thema Behinderung
Praktikum im pflegerischen Bereich

Hier wird nun im Wortlaut der aktuelle Stand für das Profilfach Religion/ Diakonie am Gymnasium und Aufbaugymnasium wiedergegeben[185] :

Klasse (8 G/9ABG)	**Klasse (9 G/10ABG)**
• Behindertenarbeit in SHA[186] • Diakonische Aufgaben vor Ort • Geschichte der Diakonie • Schnupperpraktikum	• Seniorenarbeit. Armut und Obdachlosigkeit • Sozialstaat – Sozialpolitik • Schnupperpraktikum • Geschichte der Diakonie
Klasse (10G/11ABG)	**Kursstufe (11.2G/12.2ABG)**
• Eine Welt (mit Aktion BROT FÜR DIE WELT in SHA) • Kriminalität und Strafvollzug • Migranten unter uns • Ökumenische Diakonie • 14-tägiges Sozialpraktikum (für alle unsere Schüler/innen!)	• Einführungen in die Diakonie-wissenschaft • Medizinische Ethik • Praktische Erfahrungen in der Ökumene (Taizé) und vor Ort (diakonische Einrichtung)

Gramzow hat mit einem breiten methodischen Instrumentarium das Michelbacher Modell evaluiert. Seine Untersuchung sieht als Globalziel diakonischen Lernens im schulischen Kontext die Persönlichkeitsentwicklung an. Sie richtet den Blick auf Voraussetzungen und Bedingungen, unter denen das diakonische Lernen stattfindet. Sie berücksichtigt die „Lernkontexte" Schule, diakonische Einrichtung und Elternhaus.[187]

---

[185] Siehe hierzu die Homepage des Evangelischen Schulzentrums Michelbach (Abruf am 19.8.2013): http://www.eszm.de/profile/diakonie-religion/profilinformation/profilinformation.html

[186] Schwäbisch Hall.

[187] Gramzow, Diakonie in der Schule, 160f.

Das methodische Vorgehen setzt ein mit theoriegeleiteter Wahrnehmung relevanter Personengruppen und beteiligter Institutionen. In einem mehrperspektivischen Ansatz werden Schule, Praktikumseinrichtung, soziales Umfeld, Schülerinnen und Schüler, (Fach-)Lehrerinnen und -Lehrer, die betreuenden Mitarbeiterinnen und Mitarbeiter diakonischer Einrichtungen und die Eltern der Schüler befragt. Die Untersuchung ist „im Sinne einer systematischen Anwendung von empirischen Forschungsmethoden zur Bewertung eines Konzepts oder sozialen Interventionsprogramms … als Evaluationsstudie zu verstehen“[188]. Gramzow lässt den relevanten Personenkreis zu Wort kommen und nutzt die zur Verfügung stehenden Datenquellen. Die Erhebung erfolgt mit Hilfe unterschiedliche standardisierter Fragebogen und zahlreicher „Leitfadeninterviews“. Auch Methoden der Beobachtung und der Dokumentenanalyse werden verwendet.

Gramzow möchte aus seinen empirischen Befunden u. a. lerntheoretische Perspektiven gewinnen und schulpraktische Konsequenzen daraus ziehen, die Empfehlungscharakter haben sollen.[189] Am Ende seiner Untersuchung stellt er fest: Im situierten Lernen in diakonischen und sozialen Einrichtungen eröffnet sich für Schülerinnen und Schüler eine Chance, ihre Persönlichkeit weiterzuentwickeln, indem sie an neuen Lernorten Menschen in besonderen Lebenssituationen begegnen und andere als die üblichen ihnen bekannten Tätigkeiten ausüben.[190]

Gramzow kann das in Michelbach vorgefundene Kompetenzmodell bestätigen und ergänzen, muss es aber teilweise auch korrigieren.[191] Die Förderung der kommunikativen Kompetenz, wie sie im baden-württembergischen Bildungsplan für das Fach Evangelische Religion beschrieben wird, kann „ohne weiteres auch für das Fach Diakonie“[192] in Anspruch genommen werden. Die Michelbacher Schülerinnen und Schüler erwerben „… allgemeine Kommunikationsfähigkeit, die Teilhabe … an Kommunikations- und Arbeitsabläufen“.[193] So erfolgt die „… Förderung des Zuhörens, das Kennenlernen von spezifischen Kommunikationsorten und -zeiten sowie Anregung zur Kommunikation persönlicher Erfahrungen und Vorstellungen …“.[194] Lernfortschritte im Praktikum, so zeigen Berichte der Schülerinnen und Schüler, sind allerdings weniger im konkreten Handeln zu sehen als hinsichtlich der kommunikativen Fähigkeiten und im Bereich von Wahrnehmungen und

188 Ders., Diakonie in der Schule, 203.

189 Siehe Gramzow, Diakonie in der Schule, 543.

190 Siehe Gramzow, Diakonie in der Schule, 585–587.

191 Siehe Gramzow, Diakonie in der Schule, 574. Seine grafische Darstellung des überarbeiteten Kompetenzmodells findet sich auf S. 578f.

192 Ders., Diakonie in der Schule, 579.

193 Ders., ebd.

194 Ders., ebd.

Einstellungen.[195] Daher sollte zum Michelbacher Kompetenzmodell, wie es Gronbach entworfen hat, die Kommunikative Kompetenz hinzugefügt werden[196]. Eine Subkompetenz der Persönlichkeitsentwicklung, nämlich „Einfühlung/Empathie“, wird nach Gramzows Befunden im Rahmen von Diakonieunterricht und diakonischer Praxis eher nicht gefördert. Dies führt er zum einen darauf zurück, dass die Schülerinnen und Schüler, die sich freiwillig für den Diakonieunterricht entschieden haben, bereits diese Kompetenz mitbringen. Zum anderen findet die eine „Normalisierung“ statt: Unterricht und Praktika ‚normalisieren‘ die Einstellung zu den hilfsbedürftigen Menschen. Damit ist gemeint, dass besonders starke Gefühle wie Mitleid zurücktreten. Zu fördern ist jedoch eine Haltung, in der man sich um die wirklichen Bedürfnisse des Gegenübers bemüht.[197]

Hinsichtlich der Definition von Diakonischer Kompetenz, so Gramzow, bedürfen einige Formulierungen der Präzisierung. Gronbach hatte beispielsweise aufgezeigt, dass diakonische Kompetenz sich u. a. dadurch auszeichnet, den Menschen, auch in seiner Fragmentarität, „im Horizont der Auferstehungshoffnung“[198] sehen zu können. Gramzow muss feststellen, dass Letzteres nicht erkennbar war. Sogar in einem Praktikum im Hospiz scheint eine Jenseitsperspektive höchstens peripher zu begegnen. Es stellt sich Gramzow die Frage, wie man Schülerinnen und Schülern eine intensivere Möglichkeit zur Auseinandersetzung mit dem christlichen Menschenbild ermöglichen könnte.[199]

Gramzows überarbeitetes Kompetenzmodell versteht sich u. a. als Antwort auf diese Frage. Gleichzeitig beinhaltet es eine auf empirischer Basis zusammengestellte Übersicht dessen, was sich ihm an Kompetenzen gezeigt hat und wie stark oder schwach diese vertreten waren. Gramzows Modell mit der ihm inhärenten Analyse sei hier stichwortartig zusammengefasst:[200]

Vorbemerkung: Die Zahlen in den Klammern bedeuten:
„(1) Die ausgewiesenen Subkompetenzen werden bei mehreren oder allen Schülern gefördert.
(2) Über die ausgewiesenen Subkompetenzen hinaus kann mit einer Förderung weiterer Subkompetenzen gerechnet werden.

---

195 Ders., Diakonie in der Schule, 579f. in Bezug auf Heinz Schmidt, Diakonische Bildung als Konstruktion von Wissen und Werten, 93.

196 So Gramzow, Diakonie in der Schule, 586.

197 Siehe Gramzow, Diakonie in der Schule, 540.

198 Gronbach, Diakonisch-soziales Lernen, 101.

199 Siehe Gramzow, Diakonie in der Schule, 580.

200 Siehe hierzu Gramzow, Diakonie in der Schule, Kap. 9: Perspektiven diakonisch-sozialen Lernens, bes. 578 – 580. Das Ursprungsmodell, welches Gramzow modifiziert, findet sich auf einer Seite grafisch dargestellt in: Gronbach. Diakonisch-soziales Lernen, 101.

(3) Die Förderung der ausgewiesenen Subkompetenzen ist unsicher und sollte weiter geprüft werden.
(4) Es ist eher nicht davon auszugehen, dass die ausgewiesenen Subkompetenzen im Rahmen des Diakonieunterrichts gefördert werden.“[201]

Personale Kompetenz:
(1) Offenheit, Selbständigkeit, Verantwortung, Einsatzfreude, Frustrationstoleranz, Belastbarkeit, Zuverlässigkeit (Sekundärtugenden)
(2) Angstabbau, Toleranz, Engagement
(3) Ausdauer, Sorgfalt, Eigeninitiative
(4) Einfühlungsvermögen/Empathie

Soziale Kompetenz:
(1) Kooperationsfähigkeit, Teamfähigkeit, Selbst- und Fremdeinschätzung
Die meist positiven Erfahrungen im Praktikum wie Anerkennung und Dank für die geleistete Arbeit „führen ... nicht zu einer Steigerung des schulischen Selbstwertgefühls“[202]. Bei Mädchen, die das Fach „Diakonie“ wählen, ist es vergleichsweise gering ausgeprägt.
(2) Selbstwahrnehmung, Umgangsformen
(3) Partnerschaftliches Konfliktlösen, Entscheidungen treffen

Kommunikative Kompetenz:
(2) Kommunikationsfähigkeit, Kommunikations- und Arbeitsabläufe, Zuhören, Kommunikationsorte und -zeiten, Kommunikation eigener Erfahrungen und Vorstellungen

Diakonische Kompetenz:
(1) Sich in die fremden Welten anderer einlassen, Nächstenliebe (universal verstanden), Helfen als ethisches Grundprinzip
(2) Persönlicher Begriff von Diakonie, Handlungsmotive kennenlernen
(3) Christliche Sinn- und Lebensdeutungen (geistliches Leben); verpflichtet dem biblischen Menschenbild – der Mensch als von Gott geliebtes „Fragment“
(4) Im Horizont der Auferstehungshoffnung

Methodenkompetenz:
(1) Dokumentation und Wahrnehmungsschulung durch Berichte
(2) Schriftliche und mündliche Ausdrucksfähigkeit, wissenschaftliches Arbeiten

---

201 Gramzow, Diakonie in der Schule, 578.
202 Ders., Diakonie in der Schule, 540.

(3) Präsentation von Referaten und Jahresarbeiten, Planung und Durchführung sozialer Aktivitäten

Fachkompetenz:
(1) Bedeutung des Sozialen in der modernen Gesellschaft, Einblick in soziale Einrichtungen, Kennenlernen sozialer Berufsfelder
(2) Kennenlernen diakonischer Handlungsfelder, persönliche berufliche Orientierung, Verständnis diakonierelevanter Begriffe
(3) Auseinandersetzung mit drängenden sozialen Fragen, Aufbau der Sozialsysteme und der Diakonie
Die Rahmenbedingungen für erfolgreiches diakonisch-soziales Lernen[203] sind eine *Schule*, die die das Faches „Diakonie" als gesamtschulische Aufgabe sieht, *Praktikumseinrichtungen*, die den Schülerinnen und Schülern unterstützend begegnen, ihnen aber auch Freiräume gewähren und schließlich *Eltern*, die im besten Falle selbst sozial engagiert sind und mit den Praktikumserfahrungen ihrer Kinder umgehen können.

3. *Das „Kerncurriculum für das Fach Evangelische Religionslehre in der gymnasialen Oberstufe" und der Orientierungsrahmen zu „Kompetenzen und Standards für den Evangelischen Religionsunterricht in der Sekundarstufe I"*

3.1 Wesentliche Inhalte des Kernkurriculums für die Oberstufe

Das für die gymnasiale Oberstufe verfasste Kerncurriculum für den Evangelischen Religionsunterricht benennt Themen und Inhalte für die Entwicklung von Kompetenzen religiöser Bildung.

> „Kerncurricula bilden den Referenzrahmen, der innerschulische Arbeit anregen, unterstützen, orientieren und normieren kann. Im Unterschied zu herkömmlichen Lehrplänen bietet ein Kerncurriculum für den Evangelischen Religionsunterricht Möglichkeiten zur schulinternen und schulübergreifenden Gestaltung und Profilierung des Faches Evangelische Religionslehre. Für die Fachkonferenzen bzw. Fachschaften und die einzelnen Religionslehrerinnen und Religionslehrer stellen sich damit besondere Herausforderungen [...] Auch die Kooperation von Kolleginnen und Kollegen mehrerer Schulen oder auf überregionaler Ebene kann erforderlich sein."[204]

203 Siehe Gramzow, Diakonie in der Schule, 566–568.
204 EKD-Kerncurriculum Oberstufe, 26.

Das Curriculum korrespondiert mit den Einheitlichen Prüfungsanforderungen in der Abiturprüfung (EPA)[205] der Kultusministerkonferenz (KMK) im Fach Evangelische Religionslehre.

Vor die Darstellung des Kerncurriculums setzen die Autorinnen und Autoren Überlegungen grundsätzlicher und grundlegender Art:[206] Der Religionsunterricht soll „Einsichten in Sinn- und Wertfragen des Lebens vermitteln, die Auseinandersetzung mit Ideologien, Weltanschauungen und Religionen ermöglichen und zu verantwortlichem Handeln in der Gesellschaft motivieren".[207]

In Bezug auf die Gestalt, Praxis und Begründung des christlichen Glaubens in seiner evangelischen Ausprägung erschließt der Evangelische Religionsunterricht die religiöse Dimension des Lebens und trägt damit zur allgemeinen Bildung bei. Konstitutiv für das Verständnis des Menschen und seiner Wirklichkeit ist die Grunderfahrung, die in reformatorischer Tradition zu beschreiben ist als „allein aus Gnade" und „allein aus Glauben". Das Verdanktsein und unbedingte Angenommensein enthebt den Menschen des Zwanges, sich selbst rechtfertigen und selbst behaupten zu müssen. Es stellt ihn in die Freiheit und macht ihn fähig zu einem Leben in Verantwortung.[208]

Der Evangelische Religionsunterricht unterstützt durch konfessionelle Bestimmtheit die Identitätsbildung der Jugendlichen und jungen Erwachsenen. Er fördert aber auch, angesichts der Herausforderung des demokratischen Gemeinwesens durch verschiedene Formen kultureller, ethischer und religiöser Pluralität, das Verstehen fremder Überzeugungen.[209] Im Spannungsfeld von „Identität und Verständigung"[210] zielt der Evangelische Religionsunterricht in der gymnasialen Oberstufe auf eine religiöse Bildung der Schülerinnen und Schüler. Diese wirkt sich in allen Bereichen des gesellschaftlichen, sozialen und persönlichen Lebens aus und leitet zu verantwort-

---

205 Beschlüsse der Kultusministerkonferenz, Einheitliche Prüfungsanforderungen in der Abiturprüfung Evangelische Religionslehre: Beschluss vom 1.12.1989 i.d.F. vom 16.11.2006. Siehe http://www.kmk.org/fileadmin/veroeffentlichungen_beschluesse/1989/1989_12_01-EPA-Ev-Religion.pdf Abruf am 19.8.2013.

206 Diese finden sich auf den Seiten 5–28 des EKD-Kerncurriculums Oberstufe.

207 Sekretariat der Ständigen Konferenz der Kultusminister der Länder in der Bundesrepublik Deutschland, Vereinbarung zur Gestaltung der gymnasialen Oberstufe in der Sekundarstufe II. Beschluss der Kultusministerkonferenz vom 7.7.1972 i.d.F. vom 16.6.2000, zit. nach: EKD-Kerncurriculum Oberstufe, 8. Diese Vereinbarung ist abrufbar unter: http://www.ham.nw.schule.de/pub/bscw.cgi/d2022817/KMK_SII_2003.pdf

208 EKD-Kerncurriculum Oberstufe, 9.

209 Siehe EKD-Kerncurriculum Oberstufe, 9f.

210 So der Titel der so genannten Bildungsdenkschrift: Kirchenamt der EKD (Hg.) Identität und Verständigung. Standort und Perspektiven des Religionsunterrichts in der Pluralität. Eine Denkschrift der Evangelischen Kirche in Deutschland, Gütersloh 1994.

licher Ausübung der grundgesetzlich garantierten Glauben- und Gewissensfreiheit an (Art 4 GG).

Das Kerncurriculum nennt im Anschluss an diese Grundlegungen zahlreiche Lernprozesse, die religiöse Bildung fördern:[211]

Angebote sozialen, interkulturellen und interreligiösen Lernens, Angebote zur Möglichkeit, zentrale Gehalte und Elemente christlicher Tradition, auch im kulturellen Gedächtnis, kennenzulernen, aber auch plurale religiöse Lebensentwürfe. An außerschulischen Lernorten kann Schülerinnen und Schülern die Möglichkeit geboten werden, die Tragfähigkeit des christlichen Glaubens zu erproben. Sie setzen sich mit ethischen Herausforderungen in Kultur, Wissenschaft, Politik und Wirtschaft auseinander und lernen das evangelische Verständnis verantwortlichen Handelns kennen. Sie erhalten die Chance zur Einübung elementarer Formen theologischen Denkens und Argumentierens. In der ihnen gegebenen Möglichkeit zur Begegnung mit dem Evangelium von der Menschlichkeit Gottes werden zentrale Inhalte des christlichen Menschen- und Weltverständnisses aufgezeigt.[212]

Ähnliche Lernprozesse thematisiert auch der Orientierungsrahmen für die Sekundarstufe I, und dies ebenfalls unter der Prämisse, dass im Religionsunterricht die Grenzen der Kompetenz- und Leistungsmessung theologisch und pädagogisch begründet sind, persönliche Glaubensüberzeugungen jedoch nicht gemessen und bewertet werden können und sollen.[213]

Der Evangelische Religionsunterricht in der gymnasialen Oberstufe trägt nicht nur zur allgemeinen Bildung, sondern auch zur allgemeinen Studierfähigkeit bei und leistet einen wissenschaftspropädeutischen Beitrag.[214] Dieser besteht darin, dass einerseits wissenschaftliche Distanz und Reflexivität eingeübt wird, andererseits aber auch kritische Selbstreflexion und Wissenschaftskritik. So sind auch im Religionsunterricht die Grenzen wissenschaftlicher Methoden im Blick.

Im Oberstufenunterricht sollen folgende grundlegende Kompetenzen religiöser Bildung ausdifferenziert und vertieft werden:

„– Wahrnehmungs- und Darstellungsfähigkeit – religiös bedeutsame Phänomen wahrnehmen und beschreiben
– Deutungsfähigkeit – religiöse bedeutsame Sprache und Zeugnisse verstehen und deuten
– Urteilsfähigkeit – in religiösen und ethischen Fragen begründet urteilen
– Dialogfähigkeit – am religiösen Dialog argumentierend teilnehmen

[211] Siehe EKD-Kerncurriculum Oberstufe, 10.
[212] Siehe EKD-Kerncurriculum Oberstufe, 10.
[213] Siehe EKD-Orientierungsrahmen Sek I, 16.
[214] Siehe EKD-Kerncurriculum Oberstufe, 11f.

- Gestaltungsfähigkeit – religiös bedeutsame Ausdrucks- und Gestaltungsformen verwenden.“[215]

Auch fachübergreifende Kompetenzen wie selbständiges und kooperatives Lernen Grundhaltungen wissenschaftlichen Arbeitens und die Beherrschung funktionaler digitaler Arbeitsinstrumente.[216]

Die Perspektive des christlichen Glaubens soll im evangelischen Religionsunterricht in „Begegnung, Anknüpfung und Auseinandersetzung mit vier Bezugsfeldern zur Sprache gebracht [werden.] … Bezugsfelder sind:

„- religiös bedeutsame Erfahrungen und Fragen der Schülerinnen und Schüler
- plurale religiöse Lebensentwürfe und Weltdeutungen
- religiös geprägte Ausdrucksformen der Gegenwartskultur
- religiös-ethische Herausforderungen in Kultur, Wissenschaft, Politik und Wirtschaft.“[217] Zentrales Prinzip des Religionsunterrichtes ist der Dialog.

Kompetenzorientiertes Lernen steht im Dienst der „Lebensbedeutsamkeit“[218] des im Religionsunterricht zu erwerbenden Wissens. Daraus leitet sich die didaktische Aufgabe ab, die Gegenstände des Religionsunterrichts mit der Lebensgeschichte der Schülerinnen und Schüler, ihren Erfahrungen, ihren Interessen und ihrem Vorwissen zu verbinden. Das zu erwerbende Wissen soll dabei helfen, Fragen und Aufgaben, die sich im religiös pluralen Alltag stellen, zu bearbeiten und zu bewältigen und die eigene Religiosität sowie das eigene Handeln zu reflektieren.

Kompetenzorientierter Religionsunterricht macht Anforderungssituationen zum didaktischen Ausgangspunkt des Lernens. Der Unterricht muss daher u. a. so konzipiert werden, dass Schülerinnen und Schüler Bezüge zu ihren eigenen Erfahrungen, Kenntnissen, Fähigkeiten und Einstellungen herstellen können. Seine Inhalte sollen es ihnen ermöglichen, Handlungssituationen bewältigen zu können.[219]

Auf die grundsätzlichen Überlegungen der EKD-Schrift erfolgt die Entfaltung von insgesamt sechs Themenbereichen. Diese werden durchgehend in folgenden thematischen Schwerpunkten entfaltet:[220] Zunächst wird im Abschnitt „*Situation und Herausforderungen*“ auf die Lebenswirklichkeit der Schülerinnen und Schüler und ihren möglichen Zugang zum Thema einge-

---

215 EKD-Kerncurriculum Oberstufe, 13f.

216 Siehe EKD-Kerncurriculum Oberstufe, 21.

217 EKD-Kerncurriculum Oberstufe, 15.

218 EKD-Kerncurriculum Oberstufe, 22.

219 Siehe EKD-Kerncurriculum Oberstufe, 22f.

220 Siehe EKD-Kerncurriculum Oberstufe, 27f.

gangen. Die Lebenswelt und Erfahrung der Schüler ist maßgeblich. Im darauffolgenden Abschnitt wird beschrieben, welche *grundlegenden Kompetenzen* der „Einheitlichen Prüfungsanforderungen in der Abiturprüfung Evangelische Religionslehre" (EPA)[221] durch die Auseinandersetzung mit dem jeweiligen thematischen Schwerpunkt erworben oder gefördert werden können. Es schließt sich ein Abschnitt an, der sich mit den *„Leitgedanken"* befasst, die den thematischen Focus des Unterrichts bilden sollen. Die *„themenbezogenen Konkretionen"* beschreiben Kompetenzen, die Schülerinnen und Schüler in Auseinandersetzung mit dem jeweiligen Schwerpunkt erwerben können. Schließlich werden zu jedem Schwerpunkt *biblische Basistexte* genannt. Diese fungieren nicht als Begleit- und Belegstellen, sondern gewährleisten, dass der durchgehende Bezugspunkt des Evangelischen Religionsunterrichts die Bibel bleibt. Sie ist maßgeblicher Leittext für die Perspektive des christlichen Glaubens.[222]

Es folgt nun eine tabellarische Zusammenstellung der *Themenbereiche*, die im Wortlaut wiedergegeben werden. In verkürzter Form wird der *Leitgedanke* genannt und werden die *themenbezogenen Kompetenzen* benannt.[223]

Themenbereich	Leitgedanke	Themenbezogene Kompetenzen
Themenbereich 1: Das christliche Bild des Menschen		
Thematischer Schwerpunkt 1: Der Mensch als Geschöpf und Ebenbild Gottes – Wer bin ich?	Eigene Erfahrungen vor dem Hintergrund gesellschaftlich normierender Vorstellungen vom Menschen reflektieren und mit biblischer Anthropologie in Beziehung bringen.	Biblisch-theologisch die Freiheit und Begrenztheit des Menschen, seine Relationalität und seine Würde (mit den entsprechenden ethischen Implikationen) begründen, erläutern und verdeutlichen können.
Thematischer Schwerpunkt 2: Der Mensch als	Erfahrungen von Scheitern und Versagen wahrnehmen	Erfahrungen der Entfremdung beschreiben können; die Begriffe „Sünde" und „Erbsünde" sowie

[221] Ebd.

[222] EKD-Kerncurriculum, 28.

[223] EKD-Kerncurriculum, 29–60

Sünder und Gerechtfertigter – Gnade vor Recht?	und in Beziehung zur Zusage der Vergebung setzen.	„Vergebung" biblisch-theologisch und im Vergleich mit hinduistischen und buddhistischen Vorstellungen von „Karma" erläutern können.
Thematischer Schwerpunkt 3: Freiheit und Verantwortung – Was macht mich frei?	Eigene Vorstellungen von Freiheit kritisch reflektieren und zur biblisch-reformatorischen Vorstellung von Freiheit in Beziehung setzen.	Freiheit als Geschenk Gottes erläutern können und von nichtchristlichem Freiheitsverständnis abgrenzen. Luthers Doppelthese von der Freiheit eines Christenmenschen entfalten und Konsequenzen für die Lebenspraxis aufzeigen können.
Themenbereich 2: Das Evangelium von Jesus Christus		
Thematischer Schwerpunkt 1: Jesus Christus als Grund des Glaubens – Was hat Jesus mit Gott zu tun?	Einen eigenen Zugang zu Jesus Christus gewinnen und Vorstellungen im Hinblick auf Jesus Christus als Gottes Sohn erweitern.	Jesu jüdischen Hintergrund für das christliche Gottesverständnis darstellen können. Erläutern können, warum Aussagen über Jesus Christus nachösterliche Deutungen sind; das Bekenntnis zu Jesus Christus als Ausdruck des spezifisch christlichen Gottesverständnisses erklären können. Signifikante Darstellungen Jesu Christi in Kunst und Literatur interpretieren können.
Thematischer Schwerpunkt 2: Wirken und Botschaft Jesu – Was mutet uns Jesus zu?	Den befreienden, ermutigenden und in Anspruch nehmenden Charakter der Botschaft Jesu erschließen.	Bergpredigt und Gleichnisse Jesu erläutern können. Exemplarisch entfalten können, wie Christen von Jesu Botschaft bestimmt wurden oder werden.
Thematischer Schwerpunkt 3: Kreuz und Auferstehung – Für mich gestorben?	Einen Zugang zur Rede von der „Torheit des Kreuzes" und zum Ursprung und zur Bedeutung des Bekenntnisses der Auferstehung Jesu ermöglichen.	Deutungen des Kreuzestodes Jesu wiedergeben können. Begründen können, dass das biblische Zeugnis der Auferweckung Jesu Christi den christlichen Glauben begründet. Darlegen können, dass die Hoffnung auf Auferstehung sich auf Gottes Zusage einer unverbrüchlichen Beziehung zum Men-

		schen richtet trotz Begrenztheit des Lebens.
Themenbereich 3: Die christliche Rede von Gott		
Thematischer Schwerpunkt 1: Das Wort „Gott" – Gott: Wer ist das eigentlich?	Den existenziellen Sinn des Wortes „Gott" entfalten und zentrale Aspekte des biblischen Redens von Gott im Kontext gegenwärtiger Glaubensreflexion und Lebenspraxis zur Sprache bringen.	Erklären können, dass Gott das ist, woran Menschen ihr Herz hängen, biblische Gottesbilder und den Sinn des Bilderverbotes aufzeigen können. Darstellen können, inwiefern der Grundkonflikt zwischen Gott und den Göttern nicht nur die Bibel durchzieht, sondern auch die Lebenspraxis bestimmt.
Thematischer Schwerpunkt 2: Gott in Beziehung – Was heißt es, an Gott zu glauben?	Dokumente der Glaubensreflexion und Lebenspraxis erschließen, in denen gelebter Glaube an Gott anschaulich wird. Die Angemessenheit und Tragfähigkeit theologischer Deutungsversuche von Glaubenserfahrungen kritisch prüfen.	Aufzeigen können, wie Menschen sich als von Gott angesprochen erfahren; die Theodizee-Frage und die Erfahrung der Abwesenheit Gottes als Krise des Glaubens interpretieren können. Die Schoah als tiefste Durchkreuzung des christlichen Redens von Gott deuten und vor diesem Hintergrund Ansatzpunkte für gemeinsames Nachdenken von Juden und Christen über ihren Glauben an Gott entfalten.
Thematischer Schwerpunkt 3: Streit um die Wirklichkeit Gottes – Was hält der Kritik stand?	Argumentativ begründen und entfalten, wie Christen heute von Gott reden und Glauben erfahren können.	Religionskritisches Denken in der Bibel aufzeigen können, Feuerbachs Religionskritik kennen und Stellung nehmen. Erörtern können, wie heute von Gott theologisch reflektiert geredet werden kann.
Thematischer Schwerpunkt 4: Gott ist einer – Glauben Juden, Christen und Muslime an denselben Gott?	Anhand der Gottesfrage das komplexe Verwandtschafts- und Differenzverhältnis zwischen Judentum, Christentum und Islam thematisieren und Bedingungen für den	Das genannte Verwandtschaftsverhältnis darstellen können und Folgerungen für den Dialog und Umgang miteinander ziehen; die Trinitätsfigur mit dem islamischen Gottesverständnis vergleichen können.

	Respekt vor anderen Glaubensüberzeugungen reflektieren.	
Themenbereich 4: Das Wahrheitszeugnis der Kirche als Gemeinschaft der Glaubenden		
Thematischer Schwerpunkt 1: Kirche als Gemeinschaft der Glaubenden – Glaube ja, Kirche nein?	Unterschiedliche Erfahrungen mit Kirche zur Sprache bringen und auf dem Hintergrund der Vorstellung von Kirche als Gemeinschaft der Glaubenden reflektieren.	Erfahrungen mit Kirche artikulieren und die Ambivalenz der Institutionalisierung thematisieren; die konstitutive Bedeutung und die kritische Funktion von Kirche als Gemeinschaft der Glaubenden erklären; Kirchenräume als Ausdruck des Glaubens und Ort für Gemeinschaft interpretieren können.
Thematischer Schwerpunkt 2: Kirche in der religiös pluralen Welt – Soll nicht jeder glauben, was er will?	Entfalten, dass das dem Evangelium entsprechende Wahrheitsverständnis die Begegnung mit anderen Konfessionen und Religionen fördert.	Erläutern können, dass nach evangelischem Verständnis das Wahrheitszeugnis des Evangeliums religiöse Wahrheitsansprüche ernst nimmt, aber auch begrenzt, und entfalten können, dass die Begrenzung des Wahrheitsanspruchs Chancen für Friede und Ökumene eröffnet.
Thematischer Schwerpunkt 3: Kirche und Staat – Konflikt oder Partnerschaft?	Biblische Aussagen auf unterschiedliche Gestalten des Verhältnisses von Kirche und Staat beziehen und deren Miteinander in der Bundesrepublik Deutschland kritisch würdigen.	Geschichtlich verschiedene Positionierungen der Kirche gegenüber dem Staat darstellen. Erläutern, wie Kirche in der Bundesrepublik Deutschland ihren Auftrag zur gesellschaftlichen Verantwortung und zur Weltgestaltung wahrnimmt.
Themenbereich 5: Die christliche Ethik der Menschenwürde, der Gerechtigkeit, der Versöhnung und des Friedens.		

Thematischer Schwerpunkt 1: Grundfragen christlicher Ethik – Was soll ich tun?	Die Bedeutung des christlichen Verständnisses der Menschenwürde sowie der Verantwortung für Entscheidungen und Handlungen des Einzelnen und der Gesellschaft herausarbeiten.	Grundformen ethischer Urteilsbildung beschreiben und kritisch beurteilen können. Die Bedeutung des Dekalogs und der Bergpredigt für gelingendes Zusammenleben darstellen können.
Thematischer Schwerpunkt 2: Evangelische Ethik im Kernbereich gesellschaftlicher Verantwortung – Was sollen wir tun?	Herausarbeiten, wie evangelische Ethik zur Lösung gesellschaftlicher Probleme herausfordert und beiträgt.	An einem sozialethischen Problemfeld Optionen und Kriterien christlichen Handelns aufzeigen können.
Themenbereich 6: Die christliche Zukunftshoffnung		
Thematischer Schwerpunkt 1: Die Sehnsucht des Menschen nach Unbegrenztheit – Was darf ich hoffen?	Versuche des Menschen, seine Begrenztheit zu überwinden, mit der christlichen Auferstehungshoffnung vergleichen und ihre Auswirkungen auf die Lebenspraxis reflektieren.	Zentrale säkulare und religiöse Vorstellungen vom Tod und einem Weiterleben nach dem Tod beschreiben können. Konsequenzen der christlichen Hoffnung für das Leben und Handeln von Christen aufzeigen können. Zukunfts- und Jenseitsvorstellungen anderer Religionen zu christlichen in Beziehung setzen können.
Thematischer Schwerpunkt 2: Angst vor dem Weltuntergang – Was dürfen wir hoffen?	Biblische Hoffnungsbilder erschließen und ihre Lebensrelevanz aufzeigen.	Biblische Hoffnungsbilder in ihrer die Wahrnehmung der Welt verändernden Weise erläutern können. Die Spannung zwischen „schon jetzt" und „noch nicht" darstellen können.

Das Oberstufen-Kerncurriculum, so Obst zu Recht, besticht durch Stringenz: Der Kompetenzbegriff wird einerseits auf zentrale Anforderungssituationen bezogen, die aus der Lebenswelt der Schülerinnen und Schüler stammen – andererseits wird er in themenbezogene Konkretionen aufgefächert. Es ist jedoch zu fragen, ob der kontextuelle Bezug der thematischen Schwerpunkte in der konkreten Unterrichtsplanung durchgehalten werden kann.[224]

3.2 Wesentliche Inhalte des Orientierungsrahmens für die Sekundarstufe I

Auch in der Schrift zur Sekundarstufe I werden Wahrnehmungs- und Darstellungsfähigkeit, Deutungsfähigkeit, Urteilsfähigkeit, Dialogfähigkeit, Gestaltungsfähigkeit als grundlegende Kompetenzen religiöser Bildung genannt. Zusätzlich erscheint hier noch die ethisch begründete Handlungsfähigkeit.[225]

Für den Religionsunterricht in der Sekundarstufe I werden acht Kompetenzen genannt, die im Wortlaut wiedergegeben werden und in der linken Seite der Tabelle erscheinen.[226] Auf der rechten Seite der Tabelle erscheinen, meist zusammengefasst, dazu gehörende mögliche Standards[227], die sich als „offener Orientierungsrahmen“[228] für „ein flexibles Eingehen auf unterschiedliche schulische Zusammenhänge“[229] verstehen.

Kompetenzen (wörtliche Wiedergabe)	Standards (zusammengefasst)
1. Den eigenen Glauben und die eigenen Erfahrungen wahrnehmen und zum Ausdruck bringen sowie vor dem Hintergrund christlicher und anderer religiöser Deutungen reflektieren.	Lebensbedeutung des Glaubens wahrnehmen und darüber kommunizieren können. Eigene und andere Vorstellungen von Gott und Jesus Christus zum Ausdruck bringen und mit anderen vergleichen können. Lebens- und Glaubenserfahrungen vor dem Hintergrund christlicher und anderer religiöser Deutungen reflektieren können.
2. Grundformen biblischer Überlieferung und religiöser Sprache verstehen.	Mit der Bibel umgehen und zentrale biblische Überlieferungen vor dem Hintergrund historischer Zusammenhänge deuten können. Besonderheit biblischer und religiöser Sprachformen erkennen, deuten und gebrauchen.

224 Obst, Kompetenzorientiertes Lehren und Lernen im Religionsunterricht, 125.
225 EKD, Orientierungsrahmen Sekundarstufe I, 16f.
226 EKD, Orientierungsrahmen Sekundarstufe I, 18.
227 EKD, Orientierungsrahmen Sekundarstufe I, 19–22.
228 EKD, Orientierungsrahmen Sekundarstufe I, 19.
229 Dies., ebd.

3. Individuelle und kirchliche Formen der Praxis von Religion kennen und daran teilhaben können.	Individuelle und kirchliche religiöse Praxis verstehen und sich daran beteiligen können.
4. Über das evangelische Verständnis des Christentums Auskunft geben.	Grundlagen christlichen Glaubens verstehen und interpretieren können. Brennpunkte der Christentumsgeschichte darstellen und dazu einen begründeten Standpunkt einnehmen können. Das ökumenische Selbstverständnis der evangelischen Kirche erläutern können. Zwischen Aussagen des Glaubens und der Naturwissenschaft unterscheiden und sie zueinander in Beziehung setzen können.
5. Ethische Entscheidungssituationen im individuellen und gesellschaftlichen Leben wahrnehmen, die christliche Grundlegung von Werten und Normen verstehen und begründet handeln können.	Situationen im individuellen und gesellschaftlichen Leben im eigenen und gesellschaftlichen Leben wahrnehmen und eigene Entscheidungen ethisch begründen können. Die Bedeutung der Gottesebenbildlichkeit als Begründung von Menschenwürde erläutern und auf aktuelle gesellschaftliche Kontroversen beziehen können. Ursachen und Formen von Aggression und Gewalt erläutern, christliche Friedens- und Umweltethik darauf beziehen und ein begründetes ethisches Urteil fällen können. Erläutern können, wie Christen Verantwortung für sich und andere wahrnehmen (Diakonie) und sich politisch engagieren im Widerstand.
6. Sich mit anderen religiösen Glaubensweisen und nicht-religiösen Weltanschauungen begründet auseinandersetzen, mit Kritik an Religion umgehen sowie die Berechtigung von Glaube aufzeigen.	Zwischen religiösen Glaubensweisen und nicht-religiösen Weltanschauungen unterscheiden können und sie beurteilen können. Gemeinsamkeiten und Unterschiede im Blick auf Kirchen und Konfessionen, das Verhältnis zwischen Christentum, Judentum und Islam sowie möglichst hinsichtlich weiterer Religionen benennen und ihre Bedeutung einschätzen können. Hoffnung und Vertrauen aus christlichem Glauben unterscheiden können von konsumorientierten Glücksverheißungen, esoterischen Sinnangeboten und neo-religiösen Erlösungspraktiken und ihre Bedeutung für das individuelle und gesellschaftliche Leben beurteilen können. Sich mit religionskritischen Anfragen an den Glauben und alltäglicher Ablehnung von Religion auseinandersetzen können.

7. Mit Angehörigen anderer Religionen sowie mit Menschen mit anderen Weltanschauungen respektvoll kommunizieren und kooperieren.	Sich bei Begegnungen mit Angehörigen anderer Religionen oder weltanschaulichen Überzeugungen tolerant, respektvoll und dialogisch verhalten. Die Forderung nach religiöser Toleranz als Folge des christlichen Glaubens begründen können.
8. Religiöse Motive und Elemente in der Kultur identifizieren, kritisch reflektieren sowie ihre Herkunft und Bedeutung erklären.	Den Einfluss der christlichen und jüdischen Tradition auf das individuelle und gesellschaftliche Leben identifizieren und an Beispielen erläutern können. Motive aus Bibel und christlicher Tradition in Musik, Darstellender Kunst, Film, Literatur oder Populärer Kultur entdecken und ihre Bedeutung erklären können.

Die Verfasserinnen und Verfasser der Schrift betonen, dass es nun darauf ankommen muss, in den schulinternen Lehrplänen die religionspädagogischen Gestaltungsspielräume und Kompetenzen und Standards in eine Beziehung zu setzen, die didaktisch sinnvoll ist. Es müssen Lernformen gefunden werden, die den Schülerinnen und Schülern auf dem Wege der Selbständigkeit eigenes Entdecken ermöglicht.[230]

Insgesamt ist die Kompetenzorientierung noch als Baustelle zu bezeichnen. Insbesondere in der Sekundarstufe 1 werden Kompetenzen nicht systematisch und kumulativ aufgebaut. Es ist zu hoffen, dass sich die in der Entwicklung befindlichen kompetenzorientierten Lehrplänen und Kerncurricula „mit der Kraft des Faktischen“[231] durchsetzen, so dass allmählich ein überzeugendes Modell vergleichbarer Kompetenzen und Standards entsteht.

4. *„Religiöse Kompetenz als Teil öffentlicher Bildung“ – Ergebnisse der Forschungsprojekte an der Humboldt-Universität zu Berlin*

4.1 Hinführung

Die vier Religionspädagogen an der Humboldt-Universität zu Berlin beschreiben den Hintergrund ihrer Forschungen so[232]: Religionsunterricht an öffentlichen Schulen auf der Grundlage von Art 7(3) GG bleibt trotz seiner starken Verankerung in der Verfassung umstritten. Seit seiner Etablierung

[230] Siehe EKD, Orientierungsrahmen Sekundarstufe I, 24f.

[231] Obst, Kompetenzorientiertes Lehren und Lernen im Religionsunterricht, 126.

[232] Benner et al., Religiöse Kompetenz, 151f.

werden ihm Vorwürfe von Anachronismus, Privilegierung der Kirchen und unzulässiger Missionierung von Schülerinnen und Schülern gemacht. Es muss als Fortschritt gewertet werden, wenn der Streit um den Religionsunterricht nicht mehr mit kulturkämpferischen Mitteln auf dem politischen Feld geführt wird, sondern sich verlagert hat auf das pädagogische Feld. Die Religionspädagogen stellen die Frage, ob der konfessionelle Religionsunterricht einen wesentlichen Beitrag zur Allgemeinbildung der Schülerinnen und Schüler leistet. Denn auch der konfessionelle Religionsunterricht, so die Forscher, kann und darf kritisch auf seine Leistung hinterfragt werden; es genügt nicht, sich dem zu entziehen mit dem Verweis auf die Unfassbarkeit und Unverfügbarkeit des Religiösen.[233]

Die rechtliche Sonderstellung des Religionsunterrichts ist nicht pädagogisch, sondern nur politisch begründet. Weder Lernende noch Unterrichtende dürfen zum Religionsunterricht gezwungen werden. Der Staat darf keinen staatseigenen Religionsunterricht ohne Mitwirkung der Religionsgemeinschaften etablieren. „Diese politischen Abwehrrechte bedeuten aber nicht, dass sich der Religionsunterricht plausiblen schulpädagogischen Erwartungen und Erfordernissen entziehen dürfte."[234]

Die bildungstheoretische Platzierung des Religionsunterrichts, die die Grundlage der Studie darstellt, nimmt Dietrich Benner anhand der Bestimmung von drei Funktionen christlicher Religion vor: Es handelt sich um eine *religionszivilisatorische*, *aufklärend-erinnernde* und *existenziell-gründende* Funktion.[235]

Der Raum, den Religion früher eingenommen hat, wird heute auch von anderen Kräften besetzt, etwa von fundamentalistischen Sekten oder quasireligiösen Ersatzphänomenen, welche das gesellschaftliche Zusammenleben negativ beeinträchtigen können. *Religionszivilisierend* kann der Religionsunterricht als Teil öffentlicher Erziehung wirken, indem er in fragliche Religionen oder religiöse Phänomene etwa die Idee der Toleranz hineinzubringen versucht.

Religion wird nicht mehr selbstverständlich tradiert; und dies mit der Folge, dass eine nun erwachsene Generation ohne Religion aufgewachsen ist. Die Fähigkeit zu religiöser Tradierung muss durch öffentliche Erziehung daher künstlich wiederhergestellt werden. Religion ist angewiesen auf Formen *aufklärender und erinnernder* Tradierung.

---

233 Dies., Religiöse Kompetenz, 152.

234 Dies., ebd.

235 So Obst, Kompetenzorientiertes Lehren und Lernen im Religionsunterricht, 88–90, in Bezug auf: Dietrich Benner, Bildungsstandards und Qualitätssicherung im RU. Günter Biemer zum 75. Geburtstag, in: Theo-Web. Zeitschrift für Religionspädagogik 3 (2004), H. 2, 22–36. http://www.theo-web.de/zeitschrift/ausgabe-2007-02/12.pdf

Religion lässt sich nicht für bestimmte Zwecke, etwa politische, funktionalisieren. Das „Gefühl schlechthinniger Abhängigkeit" – als solches beschreibt Friedrich Schleiermacher Religion – trägt das Leben. Damit wird ihre *existenziell-gründende* Funktion zum Ausdruck gebracht. Religion qualifiziert die menschliche Existenz in einer ganz spezifischen Weise. Im Gefühl der Abhängigkeit zum Unendlichen sind die Menschen aufgerufen zu freiem Handeln.

Alle drei Funktionen von Religion weisen auf die Bedeutung des christlichen Religionsunterrichts als Teil öffentlicher Erziehung hin.

4.2 Wesentliche Ergebnisse

Das Berliner Forscherteam fragt nach der religiösen *Kompetenz* Heranwachsender, da der Kompetenzbegriff den bildungspolitischen Vorzug mit sich bringt, dass die Aufspaltung in Stoffpläne und Lernziele mit ihm aufgehoben wird.[236]

Die Wissenschaftler gehen von der Feststellung aus, dass Heranwachsende mit Religiosität sowie einer Vielzahl von Religionsgemeinschaften und Weltanschauungen konfrontiert werden. Eine verantwortliche Religionspädagogik, so die Forscher, wird darauf hinwirken, dass die Deutungs- und Partizipationskompetenzen Jugendlicher differenzierter und sie zur kritischen Selbstreflexion sowie zur Empathie befähigt werden.[237] Die Wissenschaftler fragen in ihren empirischen Forschungsprojekten, in denen sie „anerkannte testatische Überprüfungsverfahren zur Validierung der Aufgaben"[238] nutzen, nach religiöser Deutungskompetenz, religiöser Partizipationskompetenz und religionskundlichen Grundkenntnissen. Die Kategorien der religiösen Kompetenz, der Deutungskompetenz und der Partizipationskompetenz bilden also das heuristische Raster.[239] Diese Kategorien werden jeweils bezogen auf die Bezugsreligion bzw. -konfession des Unterrichts, auf andere Religionen und Konfessionen und auf religiöse Aspekte, also auf Spuren des Religiösen in Kultur und Gesellschaft.[240] Der hermeneutischen Fähigkeit wird eine Schlüsselrolle zuerkannt.[241]

---

236 Siehe Benner et al., Religiöse Kompetenz, 153.
237 Siehe dies., Religiöse Kompetenz, 153.
238 Siehe Obst, Kompetenzorientiertes Lehren und Lernen im Religionsunterricht, 90.
239 Siehe Obst, Kompetenzorientiertes Lehren und Lernen im Religionsunterricht, 89.
240 Siehe Benner et al., Religiöse Kompetenz, 31–41. Vgl. Obst, Kompetenzorientiertes Lehren und Lernen im Religionsunterricht, 90.
241 Siehe Benner et al., Religiöse Kompetenz, 156.

> „Die hermeneutische Fähigkeit, innerhalb eines religiösen Kontextes einen Gegenstand angemessen interpretieren zu können, umschreibt global die religiöse Deutungskompetenz. An einer Handlung reflexiv teilhaben, einen Handlungsverlauf begründet planen sowie Handlungsentscheidungen und Ergebnisse aus verschiedenen Perspektiven nachvollziehen zu können, stellt eine globale Umschreibung der religiösen Partizipationskompetenz dar."[242]

Die Berücksichtigung der Partizipationskompetenz trägt der Situation Rechnung, dass religiöse Erfahrungen eine unverzichtbare Grundlage für die Entwicklung religiöser Kompetenz bieten, die nicht aus dem Religionsunterricht ausgeklammert werden können. Partizipationskompetenz wird in säkularen Gesellschaften nicht mehr oder nicht mehr vorrangig durch Gemeindeleben bestimmt. Daher ist sie mit Blick auf individuelle und öffentliche Funktionen von Religion auf eine künstliche Tradierung durch schulischen Unterricht angewiesen, etwa auf dem Weg über Erkundungen, an die im Unterricht angeknüpft werden kann.[243]

Partizipationskompetenz bezieht sich auf die Fähigkeit

„- sich an religiösen Handlungen beratend zu beteiligen,
- sich in entsprechende Beratungen als Person einzubringen,
- individuelle Stellungnahmen in den Formen von Zustimmung, Ablehnung oder Kritik zu formulieren
- sowie an der Entwicklung neuer Handlungsoptionen bzw. Alternativen mitzuwirken".[244]

Religiöse Partizipationskompetenz, die im öffentlichen Bildungssystem mit Unterstützung des Religionsunterrichts zu erwerben ist, darf nicht gleichgesetzt werden mit jener Religiosität, die nur in der Ausübung und in der Bezeugung des eigenen Glaubens praktisch wird. Sie meint vielmehr „die Fähigkeit, mit religiösem Engagement an individuellen Entscheidungen und öffentlichen Diskursen partizipieren zu können".[245]

> Zur Veranschaulichung sei eine Testaufgabe wiedergegeben, die die Schülerinnen und Schüler nach der Klasse 10 zum Aufweis dieser Kompetenz lösen mussten. Die Aufgabe legt eine Todesanzeige zugrunde und lautet: „Stell Dir vor, Dein Freund Thomas ist der Enkel des Verstorbenen und er würde Dich fragen, wie er sich auf der christlichen Trauerfeier verhalten soll. Was würdest Du ihm raten, wenn Du darauf Rücksicht nehmen wolltest, welche Verhaltensweisen von den Trauernden als angemessen empfunden werden?"[246] Es werden die Möglichkeiten

---

[242] Dies., Religiöse Kompetenz, 78f.
[243] Siehe dies., Religiöse Kompetenz, 18; 20.
[244] Dies., Religiöse Kompetenz, 63.
[245] Dies., Religiöse Kompetenz, 63.
[246] Dies., Religiöse Kompetenz, 175.

A, B, C und D vorgelegt, von denen eine anzukreuzen ist: „A Für die Feier in der Trauerhalle eine Kopfbedeckung aufzusetzen. B Für die Feier in der Trauerhalle seine Kopfbedeckung abzusetzen. C In der Trauerhalle Weihrauchstäbchen abzubrennen. D In der Trauerhalle die Schuhe auszuziehen".
Es ist bei dieser Aufgabe allerdings zu bemängeln, dass sie nicht gendersensibel gestellt ist, da im christlichen Kontext Frauen im Gottesdienst ihre Kopfbedeckung, falls sie überhaupt eine solche haben, nicht absetzen. Es kann also eine verfälschende Verallgemeinerung stattfinden, weil nicht deutlich wird, dass es sich hier um eine reine „Jungenproblematik" handelt.

Die wesentlichen Ergebnisse der Studie seien nun dargestellt:

Zunächst wird das Niveaustufenmodell religiöser Entwicklung im Wortlaut wiedergegeben:[247]

Niveau I	Schülerinnen und Schüler können religiöse Texte und Rituale interpretieren, die Bezüge zu lebensweltlich bekannten religiösen Konventionen und Erfahrungen aufweisen.
Niveau II	Schülerinnen und Schüler können das religiöse Konzept erfassen, das religiösen Texten und Sachverhalten zugrunde liegt, auch wenn keine Bezüge zur lebensweltlichen Erfahrung gegeben sind.
Niveau III	Schülerinnen und Schüler können religiöse Texte und Sachverhalte aus verschiedenen Religionen erfassen, Perspektivenwechsel zwischen diesen vollziehen und Deutungsprobleme interreligiös sowie im öffentlichen Raum diskutieren.
Niveau IV	Schülerinnen und Schüler können religiöse Inhalte und Konzepte in religiösen und außerreligiösen Kontexten erfassen, konkurrierende Auslegungen durch Vollzug eines Perspektivenwechsels reflektieren und problematisieren sowie zu diesem Zwecke eigene Vorerwartungen hinterfragen.
Niveau V	Schülerinnen und Schüler können religiöse Inhalte und Sachverhalte von unterschiedlichen Fachlogiken (Ökonomie, Politik, Moral, Recht) her interpretieren und im Lichte solcher Fachlogiken mehrperspektivisch beurteilen.

Das Modell, so die Wissenschaftler, zeigt ein Voranschreiten von Konkret-Anschaulichem über ein Abstrakt-Begriffliches bis hin zu Operationen, in denen auf einer höchsten Niveaustufe Perspektivenwechsel zwischen ver-

247 Benner et al., Religiöse Kompetenz als Teil allgemeiner Bildung, 126.

schiedenen Deutungsordnungen vorgenommen werden müssen sowie religiöse von anderen Deutungs- und Partizipationsmodi zu unterscheiden sind.[248] Jeweils mit einer Steigerung des Niveaus steigt die Fähigkeit, zu lebensweltlichen Bezügen in Distanz zu treten und Perspektivenwechsel zu vollziehen. Es handelt sich um Wechsel zwischen den Perspektiven unterschiedlicher Religionen, zwischen religiösen und nichtreligiösen Perspektiven und zwischen unterschiedlichen Fachlogiken. Die Beschreibung von Niveaustufen religiöser Kompetenz zeigt, dass es möglich ist, bildungstheoretisch und fachdidaktisch anspruchsvolle Modelle zu entwerfen. Eine religionsdidaktische Kompetenzorientierung führt also keineswegs zu einer Verkümmerung des Fachs.[249] Die Niveaustufen weisen auf qualitative Merkmale einer über unterrichtliche Wissensaneignung vermittelten religiösen Kompetenzbildung hin. Von einer erfahrungsnah ausgeprägten Stufe führen sie über zunehmend abstraktere Stufen zu einer höchsten Stufe. Auf dieser können religiöse Fragen und Sachverhalte fallbezogen von unterschiedlichen Fachlogiken her diskursiv und mehrperspektivisch erörtert werden.

Anders als in Kohlbergs Stufenmodell moralischer Entwicklung ist die höchste Stufe des Berliner Modells keine prinzipielle. Vielmehr bringt es die Vielfalt der in den vorausgegangenen Stufen präsentierten Blickwechsel fallbezogen zur Geltung. Die unteren und mittleren Stufen bleiben in der obersten präsent. Diese ist nicht eigentlich die höchste, sondern allenfalls die umfassendste Stufe.[250]

Mit Hilfe der Niveaustufe religiöser Kompetenz lassen sich Hinweise dafür geben, welchen Kriterien didaktische Aufgaben zur Förderung religiöser Kompetenz gerecht werden müssen. Für den kompetenzorientierten Religionsunterricht gelten natürlich Gütekriterien, die in der Religionsdidaktik und Allgemeinen Didaktik erarbeitet wurden. Jedoch legt die Beschreibung von Niveaustufen religiöser Kompetenz nahe, dass didaktische Aufgaben zur Kompetenzförderung daraufhin anzulegen sind, dass Schülerinnen und Schülern das Einnehmen, die Klärung, Unterscheidung und Reflexion unterschiedlicher Perspektiven möglich wird, z. B. nichtreligiöser Perspektiven auf religiöse etc.[251] Religiöse Grundkenntnisse, religiöse Deutungs- und Partizipationskompetenzen erfassen als Dimensionen öffentlicher Bildung nicht die ganze Fülle religiöser Bildung, aber sie zeigen eine welt- und subjektbezogene Seite.[252]

---

248 Vgl. zur Erläuterung des Modells Benner et al., Religiöse Kompetenz, 127 – 130.

249 Siehe Benner et al., Religiöse Kompetenz, 145.

250 Siehe dies., Religiöse Kompetenz, 151.

251 Siehe dies., Religiöse Kompetenz, 145f. Es werden hier viele weitere mögliche Perspektiven aufgezählt.

252 Siehe dies., Religiöse Kompetenz, 150.

Das Forschungsteam kann zeigen, dass durch den Religionsunterricht auch interreligiöse Kompetenzen gefördert werden. Die dem Religionsunterricht irrigerweise auf diesem Gebiet zugeschriebenen Defizite können nicht, so die Wissenschaftler, zur Begründung eines obligatorischen Faches „Ethik" herangezogen werden. Dies bedeutet für den Ethikunterricht, dass seine Legitimation nur mit Blick auf die öffentliche Funktion eines solchen Unterrichtsfachs begründet werden muss, nicht aber mit dem Verweis auf die Defizite des Religionsunterrichts.[253]

Es seien noch zwei für die Fragestellung dieser Arbeit relevante Forschungsergebnisse erwähnt. Das *erste* bezieht sich auf den *allgemeinbildenden* Charakter religiöser Kompetenzbildung und das *zweite* auf den *Zusammenhang zwischen Kompetenz und Wissen*:

1. Ohne Zweifel spielte die Lesekompetenz eine wichtige Rolle für die Beantwortung der Fragen in den Testheften, die die Schülerinnen und Schüler vorgelegt bekamen, so die Forscher. Die Fähigkeit, mit Texten umzugehen, ist zentral für alle Unterrichtsfächer - nicht *nur* für den Deutschunterricht und *auch* für den Religionsunterricht. Dennoch ist festzuhalten: Die hermeneutischen Fähigkeiten der religiösen Deutungskompetenz sind deshalb nicht domänenspezifisch, weil sie strikt von allgemeiner Lesekompetenz zu trennen wären, sondern weil sie auf bestimmte Inhalte bezogen sind, eben auf religiöse. Das Verständnis religiöser Inhalte hat eine eigene Logik und erfordert eine domänenspezifische Kompetenz.[254]
2. Wissens- und Kompetenzorientierung gehören zusammen. Man muss Wissensorientierung so definieren, dass sie Voraussetzungen für einen Kompetenzerwerb sichert. Kompetenzorientierung fügt zum Wissen etwas hinzu, was aus diesem allein nicht gewonnen werden kann. Es handelt sich nämlich um die Fähigkeit, die Welt kommunikativ deuten und mit anderen teilen zu können.[255]

Im Zentrum des Unterrichts steht nicht der Erwerb unmittelbar einsetzbarer Kompetenzen, sondern die Vermittlung eines Wissens, welches auf Blickwechseln „zwischen lebensweltlichen, historischen, szientifischen und ideologiekritischen Wissensformen gründet".[256] Es stützt „kompetenzorientierte Übergänge in pragmatische Formen des Handelns".[257] In ihnen werden die „Grenzen des Wissbaren und Machbaren bedacht und Abstimmungspro-

---

253 Siehe dies., Religiöse Kompetenz, 140.
254 Siehe dies., Religiöse Kompetenz, 130.
255 Siehe dies., Religiöse Kompetenz, 147.
256 Dies., Religiöse Kompetenz, 149.
257 Dies., ebd.

bleme zwischen ökonomisch-technischen, moralisch-rechtlichen, pädagogischen, politischen, ästhetischen sowie religiösen Handlungslogiken, -mustern und -aspekten erörtert“[258].

Nicht alle Aspekte und Leistungen der traditionellen Wissensorientierung von Unterricht lassen sich in eine Kompetenzorientierung überführen. Domänenspezifische Kompetenzen sind auf domänenspezifische Kenntnisse, Deutungen, Interpretationen und auf domänenspezifisches Wissen angewiesen. Darum halten die Berliner Forscher es für sinnvoll, zu unterscheiden zwischen Kompetenzen, die durch Erfahrung erlernt und weitergegeben werden, und solchen, die im Kontext unterrichtlicher und damit künstlicher Tradierungsprozesse erworben werden. Wenn eine erfahrungserweiternde Kommunikation in außerunterrichtlichen Situationen stattfinden soll, müssen schon in der unterrichtlichen Situation selbst vorbereitend die genannten Blickwechsel vollzogen und eingeübt worden sein, die sich im Rahmen der Alltagserfahrung nicht von selbst einstellen.[259] Religiöse Bildung kann durch Unterricht gefördert werden, vollzieht sich aber jenseits unterrichtlicher Prozesse des Lernens und Lehrens.[260]

Die Ergebnisse der Studie geben Anlass zu der Hoffnung, dass bei der Entwicklung von Kompetenzrastern und Kerncurricula für den Religionsunterricht bald validere Kriterien angelegt werden können.[261] Es bleiben aber auch kritische Rückfragen:[262]

- Das Modell setzt sich nicht ausreichend mit dem tatsächlich erteilten Religionsunterricht auseinander. Es unterstellt, dass es außerhalb der Vorgänge des Lehrens und Lernens „eine unspezifische Religiosität und religiöse Kompetenz gibt, die wie ein Hohlkörper mit beliebigen Inhalten gefüllt werden könne“.[263]
- Die empirische Überprüfbarkeit wird zum alleinigen Konstruktionsprinzip von Kompetenzen und Standards erhoben. Der Zwang zur Vereinfachung und Operationalisierung überlagert die Sachproblematik und dürfte den Widerspruch der Religionspädagogik herausfordern.

---

258 Dies., Religiöse Kompetenz, 149.

259 Siehe dies., Religiöse Kompetenz, 149f.

260 Siehe dies., Religiöse Kompetenz 150f.

261 Siehe Obst, Kompetenzorientiertes Lehren und Lernen im Religionsunterricht, 91f.

262 Diese stellt Gabriele Obst dar, in: Kompetenzorientiertes Lehren und Lernen im Religionsunterricht, 92f. Hier wird nur eine Auswahl wiedergegeben.

263 Obst, Kompetenzorientiertes Lehren und Lernen im Religionsunterricht, 92.

Vierter Teil: Der Beitrag des diakonisch perspektivierten Verantwortungslernens zur Kompetenzbildung

I. Theologische und pädagogische Begründung des Verantwortungslernens

Der Religionsunterricht und auch das von ihm initiierte Verantwortungslernen in diakonischer Perspektive, im Folgenden abgekürzt: *Verantwortungslernen,* sind am gesellschaftsöffentlichen Bildungsauftrag der Schule maßgeblich beteiligt. Gemeinwohlorientiertes Engagement ist konstitutiv für Pflege eines demokratischen Gemeinwesens (Gräb, Huber). Es lässt sich mit der Teilhabe der Christinnen und Christen an Wort und Sakrament begründen, die ja auf eine wirksame Sozialgestaltung zielen (Reuter). So wird, diakonisch formuliert, aus Teilhabe Teilgabe.

Die Übernahme von Verantwortung ist rechtfertigungstheologisch gesehen Antwort auf Gottes befreiende Anrede. Die Verantwortung „für" leitet sich aus der Verantwortung „vor" ab. Nicht nur die Antwortstruktur, sondern auch der Stellvertretungscharakter kennzeichnet Verantwortung. Stellvertretung kann christologisch als „für uns" gefasst werden, ist aber, auch davon losgelöst und nicht nur in dessen Konsequenz, als ein liebendes und solidarisches Dasein und Eintreten für andere zu verstehen (Klappert, Härle). Stellvertretung als Form von Verantwortung beschreibt eine asymmetrische Relation, und zwar in zwei Hinsichten: Helfende wenden sich Menschen in einer Situation der Bedürftigkeit zu – die, denen zu helfen ist, können aber auch Helferinnen und Helfer sein. Wenn Stellvertretung ein „fundamentales anthropologisches Axiom" (Klappert) ist, dann ist es nicht nur eine christlich-religionspädagogische Aufgabe, die Wahrnehmung von Möglichkeiten der Verantwortungsübernahme in allen genannten Aspekten zu fördern.

Systematisch-theologisch wird ein so verstandenes Verantwortungslernen auch vom Gedanken der Menschenwürde unterstützt: Die von Gott zugesprochene Würde meint biblisch gesehen von Anfang an ein Verantwortungsverhältnis, das der Mensch gegenüber der gesamten Schöpfung wahrnehmen soll. Also muss er dazu, auch durch Bildung, befähigt werden, und diese muss den Menschen die Kriterien bewusst machen, an denen sie sich bei der Ausübung ihrer Verantwortung orientieren können.[264] Für alle Fä-

[264] Siehe Schweitzer, Friedrich Menschenwürde und Bildung. Religiöse Voraussetzungen der Pädagogik in evangelischer Perspektive. Theologische Studien Neue Folge 2, 2011, 92.

cher und ihre Didaktiken ergibt sich die Aufgabe, sich nicht nur in abstrakter Weise auf die Menschenwürde und eine daraus abgeleitete Wahrnehmung von Verantwortung zu beziehen, sondern auch nach deren inhaltlicher Bestimmung zu fragen.[265] Wenn der christliche Traditionshintergrund des Anspruchs auf Menschenwürde aufgezeigt wird, kann es nicht darum gehen, diesem eine Monopolstellung zu geben.[266] Es müssen vielmehr von Anfang an dialogische Verhältnisse im Blick sein. Nur so kann es dem Staat ermöglicht werden, eine bei Bildungsfragen doch nur lähmende Beschränkung allein auf weltanschaulich neutrale Begründungen zu überschreiten. Die weltanschauliche Neutralität des Staates bleibt eine unverzichtbare Voraussetzung für die Demokratie. Sie dient der Menschenwürde, aber dies schließt eine produktive Kooperation etwa mit den Religionsgemeinschaften, auch bei allen Unterschieden, gerade nicht aus.[267]

Ein inklusives Bildungssystem, welches allgemeinbildende Schulen gemäß der auch in Deutschland in Kraft getretenen UN-Behindertenrechtskonvention bestimmen soll, richtet im Zeichen von Heterogenität die Aufmerksamkeit auf individuelle Potenziale der Schülerinnen und Schüler zur Verantwortungsübernahme bereits *in* der Schule.[268] Leider ist die Entwicklung einer Schulkultur im Sinne der UN-Konvention noch weitgehend ein Postulat.[269] Eine konsequente Wahrnehmung des Zusammenhangs von Menschenwürde und Bildung darf aber nicht auf der Ebene der Theorie bleiben. Vielmehr hat sie ein entsprechendes pädagogisches Handeln und des bildungstheoretisches Engagement zur Folge.[270] Besonders dringlich im Blick auf die Praxis ist es, der Frage nach einem Bildungsverständnis nachzugehen, welches die „Maße des Menschlichen“ (Bildungsdenkschrift der EKD 2003) wahrt und gleichzeitig die in dieser Denkschrift formulierten Maßstäbe so plausibilisiert, dass sie auch bildungspolitische Relevanz gewinnen.[271]

Bildung schließt die Dimension kritischer Reflexion mit ein. Evangelisches Bildungsdenken übt nicht generelle Kritik an der Kultur im Namen des Evangeliums und weist sie nicht zurück, richtet sich aber gegen Formen der

---

265 Siehe Schweitzer, Menschenwürde und Bildung, 96.

266 Siehe Schweitzer, Menschenwürde und Bildung, 98.

267 Ders., ebd.

268 Uta Hallwirth, Heterogenität bejahen – Herausforderungen annehmen, in: Jürgen Frank / Uta Hallwirth (Hg.), Heterogenität bejahen. Bildungsgerechtigkeit als Auftrag und Herausforderung für evangelische Schulen, Münster et al. 2010 (11–16), 13f. Matthias Hahn, Evangelischer Religionsunterricht in Ostdeutschland 2020, 94.

269 Heinz Schmidt, Diakonisch-soziales Lernen und Bildung, in: Bildung und Religionsunterricht, Jahrbuch für kirchliche Bildungsarbeit Bd. 5, hg. v. Hartmut Rupp und Christoph Th. Scheilke, Stuttgart 2011 (161–170), 162.

270 Siehe Schweitzer, Menschenwürde und Bildung, 100.

271 Ders., Menschenwürde und Bildung, 100f. Gerade angesichts der Tendenzen, Bildung allein unter ökonomischen Gesichtspunkten zu betrachten, so Schweitzer, ist diese Aufgabe dringlich.

Kultur, die der Menschenwürde widersprechen.[272] Evangelisches Bildungsverständnis zielt auf die Eröffnung von Bildungsmöglichkeiten, die dem Kriterium sozialer Gerechtigkeit entsprechen. Es strebt eine menschenförderliche Kultur und gleichberechtigte Teilhabe aller Menschen, auch der Menschen mit Behinderung, an den Ressourcen der Gesellschaft an. Das bedeutet auch, Kinder und Jugendliche zur kritischen Auseinandersetzung mit Kultur zu befähigen.[273] Sie sollen auch Situationen mangelnder Verantwortungsübernahme identifizieren können.

Wertorientierungen können aber pädagogisch nur wirksam werden, wenn sie auch in der Schule gelebt werden.[274] Es müssen darüber hinaus Erfahrungen in Lebensbereichen außerhalb der Schule möglich werden. Im gemeinsamen Handeln erworbene Erfahrung und deren Reflexion trägt nachhaltig zur Persönlichkeitsbildung und zum Wissenserwerb bei. Der Einblick in den Zusammenhang von Wort und Tat, Theorie und Praxis dient der Förderung einer Kultur der Hilfsbereitschaft durch die besondere Chance zur Persönlichkeitsbildung.[275] Verantwortungslernen ist das Resultat einer solchen Chance. Persönlichkeitsbildung ermöglicht es, einen verlorenen gesamtgesellschaftlichen Bildungskosmos durch individuelle Selbstfestlegungen auszugleichen. Wer nicht in der Lage ist, individuelle Selbstfestlegungen zu beginnen und durchzuhalten, wird abhängig von jedem neuen Reiz. Wer sich kulturelle Zusammenhänge existentiell aneignet, wird Lebensorientierung finden und Lebensziele generieren, statt kurzfristig jedem neuen Reiz Aufmerksamkeit zu geben, und damit zum „konsumistische[n] Mediensklaven“[276] zu werden. Die Bildungsangebote müssen jedoch die für die Selbstwerdung konstitutiven Bedürfnisse ansprechen und diese auch erfüllen und in Lebensprozesse integrieren.[277]

In einer pluralen Kultur- und Medienlandschaft braucht es Persönlichkeiten, die sich entscheiden und sich engagieren können.[278] Eine Bildung, die dies fördert, strebt nicht mehr an, die Gesamtheit einer höheren Kultur in eine Persönlichkeit zu integrieren. Sie ist aber auch nicht partikularistisch in dem Sinne, dass sie bestimmte Lebensformen und Anschauungen als Bil-

---

272 Dies ist, so Schweitzer (S. 41) zu Recht, dann der Fall, wenn Menschen zum Objekt reduziert werden, wenn das Kind als Konsument konstruiert und modelliert wird im Blick auf Spielsachen, Kleidung, Accessoires, die häusliche Ausstattung etc.

273 Schweitzer, Menschenwürde und Bildung, 40–42.

274 Schweitzer, Menschenwürde und Bildung, 63.

275 Vgl. Heinz Schmidt, Diakonisch-soziales Lernen und Bildung, 162f.

276 Siehe Schmidt, Diakonisch-soziales Lernen und Bildung, 167. Schmidt spricht vom diakonischen Lernen. Seine Überlegungen können aber auch auf das Verantwortungslernen allgemein übertragen werden.

277 Siehe Schmidt, Diakonisch-soziales Lernen und Bildung, 167f.

278 Hier folge ich Schmidt, Diakonisch-soziales Lernen und Bildung, 167 und 170.

dungsgüter bestimmt, die es zu erwerben gilt. Damit präferiert sie auch nicht mehr bestimmte Milieus. Sie beginnt immer mit helfendem, auf andere bezogenem Handeln und erschließt die Wissens- und Wertbestandteile, die ihm inhärent sind. Das Allgemeine an einer so gefassten Bildung wird nicht mehr inhaltlich unter Bezug auf eine gemeinsame Kultur bestimmt, sondern aus der Perspektive einer spezifischen und partikularen Sinn- und Wertorientierung. Diese erhebt für ihre Sinn- und Orientierungsmuster jedoch den Anspruch auf Verallgemeinerungsfähigkeit dadurch, dass sie sich empfiehlt „als eine authentische Form menschlicher Vergesellschaftung und Kulturentwicklung".[279]

Aus allen genannten theologischen und pädagogischen Gründen, die für ein bestimmtes Verantwortungslernen sprechen, ist eine Didaktik gefordert, die zwei bereits je für sich etablierte Lernformen in sich einschließt: *situated learning* und *service learning.* Beide bauen auf Phasen außerschulischen Lernens auf. Die Erfahrung mit beiden Modellen zeigt: Je selbständiger Schülerinnen und Schüler in der Auswahl des Praktikumsplatzes sein durften und nach einem realen Bedarf Ausschau halten konnten, desto nachhaltiger ist das Bildungserlebnis. Damit es nicht zu Überforderungen kommt, muss eine genaue Übereinkunft über die Art und den Umfang der Aufgaben im Praktikum getroffen worden sein. Auch sollte ein Besuch durch die Lehrpersonen stattfinden. Eine abschließende Anerkennung, auch durch ein Zertifikat ausgedrückt, macht deutlich, dass hier eine schulische Bildungsleistung erbracht worden ist, die zudem bewerbungsrelevant ist.

II. Kompetenz und Bildung durch Verantwortungslernen – Thesen

1. *Verantwortungslernen erweitert Wissen und gibt ihm eine Orientierung*

Es besteht ein Zusammenhang zwischen Wissen und Kompetenzorientierung. Kompetenzorientierung fügt der Wissensorientierung etwas hinzu (Schieder). Die unvermeidliche Erfahrung von Grenzen, aber auch von Möglichkeiten eines neuen Aufbruchs, der Wechselwirkung von Individuum und Gemeinschaft und das Identifizieren von Wirkrichtungen der Diakonie (Horstmann), führen zur Wissenserweiterung. Wer sich auf Räume und Zeitabläufe, auf die Sprachlichkeit und Körperlichkeit eines bisher völlig unbekannten Terrains einlässt, dabei durchaus auch Irritation und Befremden nicht verdrängt (Klappenecker), entwickelt Kompetenzen fachlicher

[279] Schmidt, Diakonisch-soziales Lernen und Bildung, 163.

personaler und sozialer Art. Schülerinnen und Schüler, die nach dem Modell des *service learning* beispielsweise Kinder mit Migrationshintergrund begleiten, entwickeln Sensibilität für deren Bedürfnisse *und* erwerben Wissen zum Thema „Migration“ (Sliwka).

2. *Verantwortungslernen ist ethosgenerierend*

Biblisch-theologisches Lernen und gesellschaftskritisches Denken verbinden sich, wenn gefragt wird, wie die biblische Sicht auf den Umgang mit der Situation der Bedürftigen, Schwachen und Fremden sich in der sozialen Praxis und im sozialstaatlichen Handeln widerspiegeln kann (vgl. Schmidt). Die Praxis in einem Hospiz lässt die Frage nach einem würdigen Lebensende aufkommen und führt zur Auseinandersetzung mit der biblisch begründeten Menschenwürde und der Hoffnung auf ein Leben nach dem Tod. Die Teilnahme an einer Dienstbesprechung in einer Tagespflege wirft die Frage nach dem handlungsleitenden Ethos auf. Der Besuch einer Andacht im Krankenhaus oder sogar das Mitwirken daran gibt der Kommunikation über Leiden und mit leidenden Menschen eine andere Dimension. Die religiöse Kommunikation über Krankheit stellt sie in einen anderen Horizont als die rein zwischenmenschliche oder medizinische.

Wenn Schülerinnen und Schüler einer inklusiven Schule gemeinsam danach fragen, was der biblische Gerechtigkeitsgedanke an Implikationen für eine barrierefreie Gesellschaft enthält, wird die gemeinsam erarbeitete Antwort nicht ohne Nachhaltigkeit sein. Die Rückbesinnung einer diakonischen Einrichtung auf Johann Hinrich Wichern anlässlich der historischen Aufarbeitung ihres leitenden Ethos, an der Schülerinnen und Schüler partizipieren dürfen, gibt Einblicke in den Fundus der christlichen Tradition. So gewinnen sie historisches Wissen *und* ethische Kompetenz (vgl. Horstmann, Gronbach).

3. *Verantwortungslernen ist gendersensibel konzipiert*

Die Revision des Michelbacher Modells durch Gramzow macht deutlich, dass es in besonderer Weise Schülerinnen anspricht. Die Mädchen, die das Fach „Diakonie“ wählen, steigern jedoch trotz der Erfahrung von Dank und Anerkennung im Praktikum nicht ihr ohnehin schon eher geringes schulisches Sebstwertgefühl. Die Aufgabe besteht nun darin, in besonderer Weise für Jungen die Teilnahme an den verschiedenen Formen des Verantwortungslernens interessant zu machen und als Kirche und Diakonie kritisch Einfluss zu nehmen auf gesellschaftliche Diskurse, in denen „das Soziale“ eher nicht besonders hoch gewertet und mit einer bestimmten Vorstellung von Weiblichkeit gleichgesetzt wird, ja an Frauen und Mädchen delegiert wird.

4. *Verantwortungslernen ist Sache der gesamten Schule*

Das „Einüben in Verantwortung“ (Gronbach) geschieht nach dem Michelbacher Modell unter der Voraussetzung intensiver Elternarbeit und einer engen Vernetzung mit den sozialen und diakonischen Einrichtungen in der Umgebung der Schule.

Verantwortung immer wieder neu zu lernen ist nicht nur Sache der Schülerinnen und Schüler, sondern auch ihrer Lehrerinnen und Lehrer.

Die Chance des Verantwortungslernens in der Schule – als Teil der Gesamtgesellschaft – besteht darin, „Kompetenzen in Aufgaben des Miteinander-Lebens“ entwickeln und „angesichts zunehmender Isolierung, Rücksichtslosigkeit und Gewalt zu bürgerschaftlichem Engagement“ ermutigen zu können.[280]

5. *Verantwortungslernen fördert (religiöse) Partizipationskompetenz*

Unter religiöser Partizipationskompetenz ist nach Benner und Schieder die Fähigkeit zu verstehen, an einer religiösen Handlung nicht nur reflexiv teilhaben zu können, sondern in der Lage zu sein, selbst einen Handlungsverlauf zu planen und Handlungsentscheidungen aus verschiedenen Perspektiven nachvollziehen zu können. Sie ist nicht nur auf das Individuum und seine Entscheidungen bezogen, sondern auch auf Gemeinde und Gemeinschaft. Sie beschreibt u. a. die Fähigkeit, „mit religiösem Engagement an individuellen Entscheidungen und öffentlichen Diskursen partizipieren zu können“.[281] Besonders bedeutsam für das Verantwortungslernen ist diese Kompetenz, weil in diakonischen Einrichtungen Gemeinde noch existiert bzw. ein Bezug auf sie vorhanden ist. So wird ein wesentliches Merkmal der Partizipationskompetenz besonders gefördert, nämlich jenes, die Welt kommunikativ mit

---

[280] Britta von Schubert, Grundkurs Diakonie. Ein Konzept diakonischen Lernens in der Oberstufe Religion des Gymnasiums, in: Glaube und Lernen, Jg. 15, H. 1/2000, 88–98, zit. nach Walter Boës, Diakonische Bildung. Grundlegung einer Didaktik diakonischen Lernens an der Schule, Veröffentlichungen des Diakoniewissenschaftlichen Instituts an der Universität Heidelberg (VDWI) Bd. 49, Leipzig 2013, 159. Die Dissertation von Boës erschien zur Zeit der Fertigstellung des Manuskripts und konnte daher leider nicht mehr berücksichtigt werden.

[281] Benner et al., Religiöse Kompetenz, 63.

anderen teilen zu können, und dies in Bezug auf religiöse Inhalte und in spezifisch religiösen Kommunikationsmodi.

6. *Verantwortungslernen fördert (religiöse) Kommunikationskompetenz*

Schülerinnen und Schüler erwerben Kompetenzen, die auch in anderen Fächern als in „Diakonie“ und „Religion“ entwickelt werden können: Auch im Deutsch- und Fremdsprachenunterricht wird kommunikative Kompetenz gefördert. Aber das Fach „Religion“ hat seine eigene Logik (vgl. Schieder). Religiöse Bildung kann durch Unterricht zwar gefördert werden, geht aber auf erfahrungserweiternde außerunterrichtliche Lernprozesse zurück, die Kinder und Jugendlichen allerdings immer weniger über die Partizipation am Gemeindeleben durchlaufen. Der Unterricht kann Übergänge in die Praxis vorbereiten (Schieder); und er kann das, was das *world travelling* ergeben hat (vgl Gramzow), das Eintauchen in eine andere „Welt“, auffangen. Sowohl die narrative Verarbeitung als auch die ggf. mediengestützte Kommunikation erweisen sich als notwendig und hilfreich. Hierbei wird die Reflexion (eigener) religiöser Kommunikation bedeutsam.

7. *Verantwortungslernen fördert religiöse Kompetenz*

Die beschriebenen Beispiele zeigen auch, dass Verantwortungslernen die Kompetenzen fördert, die der baden-württembergische Lehrplan als religiöse Kompetenzen bezeichnet: Christliche Deutungen können mit anderen verglichen werden und eine eigene Position kann gefunden werden. Eine Partizipation an religiösen Ausdrucks- und Sprachformen wird möglich. Zeugnisse früherer Generationen und biblische Texte werden auf Gegenwart und Zukunft hin ausgelegt (hermeneutische Kompetenz), ethische Probleme werden auf Handlungsmöglichkeiten befragt und münden in verantwortliches Handeln (ethische Kompetenz). Eigene Erfahrungen und Vorstellungen werden verständlich gemacht (kommunikative Kompetenz). Dies alles geschieht unter der Prämisse von Freiheitsspielräumen, die den Schülerinnen und Schülern zu geben sind.

Im Sinne evangelischer Freiheit und der Rechtfertigungslehre ist zu betonen, dass die von Horstmann erwähnten Kompetenzen, die auf den Umgang mit Kontingenz ausgerichtet sind, dem Proprium des Religionsunterrichts in besonderer Weise gerecht werden. Wenn der baden-württembergische Bildungsplan zu Recht Lernen nicht nur unter dem Aspekt von Gottes Anspruch an uns sieht, sondern auch unter dem seines Zuspruchs, dann bedeutet dies, explizit als Voraussetzung zur Kompetenzentwicklung auch die Auseinandersetzung mit Scheitern, Abschied, Irritation usw. zu ermöglichen. Auch Erschütterungserfahrungen sind bildende Erfahrungen.[282]

Das Niveaustufenmodell religiöser Entwicklung der Berliner Forscher erlaubt es, eine Binnendifferenzierung des Lernangebots vorzunehmen. So wird es möglich, Unterrichtsinhalte, -methoden und Lernarrangements an die Kompetenzen der Schülerinnen und Schüler anzupassen; speziell an die religiösen. Mit Hilfe einer solchen Binnendifferenzierung kann man Lernen als einen individuellen Vorgang würdigen, der nicht bei allen Schülerinnen und Schülern gleich abläuft.[283] Das Niveaustufenmodell berücksichtigt auch die im Laufe der Schulzeit wachsende Fähigkeit zur Selbstreflexivität, zum Perspektivenwechsel zur Auseinandersetzung mit der eigenen oder einer anderen Religion oder Weltanschauung.

8. Verantwortungslernen verdeutlicht die Lebensbedeutsamkeit biblischer Aussagen

Es stimmt bedenklich, dass das Michelbacher Modell in der Revision Gramzows die Diakonische Kompetenz, u. a. verstanden als Kompetenz, das Leben im Horizont der Gottesrelation des Menschen und der Auferstehungshoffnung zu deuten, eher nicht fördert. Darauf kann m. E. in folgender Weise reagiert werden: Entsprechend der problemorientierten (Bibel-)didaktik kann zunächst ein bestimmtes Thema, ein Brennpunkt der Diakonie angesprochen werden, um dann biblische Aussagen auf ihre „Lebensbedeutsamkeit" (Kerncurriculum Oberstufe) hin zu untersuchen. Das „Kerncurriculum für die Oberstufe" und der „Orientierungsrahmen für die Sekundarstufe I" bieten Anregungen: Der Unterricht und – so ist zu ergänzen – das an den Unterricht angebundene Praktikum soll Bezüge zu den Kennt-

---

282 Siehe Otto Friedrich Bollnow, Existenzphilosophie und Pädagogik: Versuch über unstetige Formen der Erziehung, Stuttgart 1959.

283 Zentrale Projektgruppe Katholische Religionslehre, Was ist kompetenzorientierter Religionsunterricht? http://lehrerfortbildung-bw.de/faecher/religion/gym/fb1/1_theorie/was_ist_kompetenzorientierter_ru.pdf. Abruf am 1.11.12. Binnendifferenzierung kann beispielsweise geschehen „... durch die Bereitstellung unterschiedlicher Unterrichtsmaterialien und methodischer Impulse ..., durch Erarbeitung von Themenbereichen in Gruppen, die ihre Arbeit selbständig unter Berücksichtigung der Stärken und Schwächen der Gruppenmitglieder organisieren oder durch zusätzliche Aufgabenstellungen, die gezielt einzelne Schülerinnen und Schüler fördern. Binnendifferenzierung geschieht aber auch dort, wo innerhalb einer Unterrichtssequenz unterschiedliche Zugänge zu einem Themenbereich geschaffen werden (z. B. durch Bild, durch Text, durch Musik) oder wo für die guten Schülerinnen und Schüler zusätzliche Aufgaben bereit gestellt werden" (36).

nissen und Erfahrungen der Schülerinnen und Schüler herstellbar machen (Kerncurriculum Oberstufe). Der Kompetenzbegriff wird auf zentrale Anforderungssituationen bezogen (Obst über Kerncurriculum Oberstufe).[284]

Die Kompetenzen des Orientierungsrahmens für die Sekundarstufe I kreisen um die Themen „Glaube“, „Bibel“, „Kirche“, „Christentumsgeschichte“, „christliche Werte und Normen“, „andere Religionen und Weltanschauungen“, „Christentum und Kultur“. Wenn Lehrpersonen bereits in der Unterrichtsvorbereitung Situationen identifizieren sollen, welche einen existenziell bedeutsamen Horizont haben, dann weist dies in die Richtung des Ansatzes von Horstmann. Er identifiziert diakonische Grunderfahrungen, die zu Bildungserfahrungen werden können. Diese Grunderfahrungen finden sich zum Teil in den „Leitgedanken“ des Kerncurriculums wieder (z. B. Erfahrungen von Scheitern und Versagen wahrnehmen …). Das genannte Beispiel lässt sich dem Themenbereich 1 zuordnen („Der Mensch als Sünder und Gerechtfertigter“) und der themenbezogenen Kompetenz, Erfahrungen der Entfremdung beschreiben zu können. In ähnlicher Weise lassen sich prinzipiell alle von Horstmann genannten diakonischen Grunderfahrungen den Themenbereichen zuordnen, die aus der Anthropologie, der Christologie, der Gotteslehre, der Ekklesiologie, der Ethik und der Eschatologie stammen.

---

284 Anforderungssituationen sind zugleich Anwendungssituationen. In ihnen können Schülerinnen und Schüler u. a. zeigen, was sie können, was sie noch lernen wollen und welche Lernwege sie einschlagen wollen. Siehe Wolfgang A. Kasper et al., Kompetenzorientierter und standardisierbarer Unterricht im Fach Evangelische Religionslehre in der Sekundarstufe I am Gymnasium, o.O., April 2012, Fortbildungsscript für die Zentrale Projektgruppe für das Fach Evangelische Religionslehre in Baden-Württemberg, 8.

Literaturverzeichnis

Bücher und Aufsätze

ADAM, Gottfried, Diakonie und Bildung. Eine Spurensuche zwischen Diakoniewissenschaft und Religionspädagogik, in: Helmut Hanisch / Heinz Schmidt (Hg.), Diakonische Bildung. Theorie und Empirie. Veröffentlichungen des Diakoniewissenschaftlichen Instituts Bd. 21, Heidelberg 2004, 41–55.

DERS. et al. (Hg.), Unterwegs zu einer Kultur des Helfens, Handbuch des diakonisch-sozialen Lernens, Stuttgart 2006.

BENNER, Dietrich, Bildungsstandards und Qualitätssicherung im RU. Günter Biemer zum 75. Geburtstag, in: Theo-Web. Zeitschrift für Religionspädagogik 3 (2004), H. 2, 22–36. http://www.theo-web.de/zeitschrift/ausgabe-2007-02/12.pdf.

BENNER, Dietrich; Schieder, Rolf; Schluß, Henning; Willems, Joachim (Hg.), Religiöse Kompetenz als Teil öffentlicher Bildung, Versuch einer empirisch, bildungstheoretisch und religionspädagogisch ausgewiesenen Konstruktion religiöser Dimensionen und Anspruchsniveaus, Paderborn et al. 2011.

BOËS, Walter, Diakonische Bildung. Grundlegung einer Didaktik diakonischen Lernens an der Schule, Veröffentlichungen des Diakoniewissenschaftlichen Instituts an der Universität Heidelberg Bd. 49, Leipzig 2013.

BOLLNOW, Otto Friedrich, Existenzphilosophie und Pädagogik: Versuch über unstetige Formen der Erziehung, Stuttgart 1959.

BONHOEFFER, Dietrich, Ethik, Dietrich Bonhoeffer Werke (DBW) Bd. 6, Gütersloh 1998, 2. Aufl.

BREITMAIER, Isa, Evangelischer Religionsunterricht mit diakonischer Ausrichtung, in: Alexa Köhler-Offierski / Richard Edtbauer (Hg.), Evangelisch Diakonisch (Evangelische Hochschulperspektiven 4), Freiburg 2008, 181–193.

DEWEY, John, Democracy and Education. An Introduction to the Philosophy of Education (1916), New York 1966.

DRESSLER, Bernhard, Bildung – Religion – Kompetenz, in: Zeitschrift für Pädagogik und Theologie, H. 3, 2004, 258–263.

FURCO, Andrew, „Zufriedener, sozialer, sensibler und motivierter“: Hoffnungsvolle Ergebnisse in den U.S.A., in: Anne Sliwka / Christian Petry / Peter E. Kalb (Hg.), Durch Verantwortung lernen: Service Learning: Etwas für andere tun. 6. Weinheimer Gespräch, Weinheim/Basel 2004, 12–31.

GRÄB, Wilhelm / THIEME, Thomas, Religion oder Ethik? Die Auseinandersetzung um den Ethik- und Religionsunterricht in Berlin (Arbeiten zur Religionspädagogik), Göttingen 2010.

GRAMZOW, Christoph, Diakonie in der Schule. Theoretische Einordnung und praktische Konsequenzen auf der Grundlage einer Evaluationsstudie, Leipzig 2010.

GRONBACH, Reinhart, Diakonisch-soziales Lernen: Ein Curriculum (das Michelbacher Modell), in: Adam et al. (Hg.), Unterwegs zu einer Kultur des Helfens, a.a.O., 94–114.

HÄRLE, Wilfried, Dogmatik, Berlin / New York 2000, 2. Aufl.

HAHN, Matthias, Evangelischer Religionsunterricht in Ostdeutschland 2020, in: Hartmut Rupp; Stefan Hermann (Hg.), Religionsunterricht 2020. Diagnosen – Prognosen – Empfehlungen, Stuttgart 2013, 86–97.

HALLWIRTH, Uta, Heterogenität bejahen – Herausforderungen annehmen, in: Jürgen Frank / Uta Hallwirth (Hg.), Heterogenität bejahen. Bildungsgerechtigkeit als Auftrag und Herausforderung für evangelische Schulen, Münster et al. 2010, 11–16.

HANISCH, Helmut, Diakonisch-soziales Lernen als Impuls zur Persönlichkeitsentwicklung, in: Helmut Beck / Heinz Schmidt, Bildung als diakonische Aufgabe. Befähigung – Teilhabe – Gerechtigkeit, Stuttgart 2008, 43–55.

DERS., Unterrichtsplanung im Fach Religion. Theorie und Praxis, Göttingen 2007.

HEIMBROCK, Hans-Günter, Gott im Auge. Über Ansehen und sehen, in: Wolf-Eckart Failing / Hans-Günter Heimbrock, Gelebte Religion wahrnehmen, Stuttgart 1998, 123–145.

HORSTMANN, Martin, Das Diakonische entdecken. Didaktische Zugänge zur Diakonie. Veröffentlichungen des Diakoniewissenschaftlichen Institutes Bd. 46, Heidelberg 2011.

HUBER, Wolfgang, Die Aktualität christlicher Freiheit, in: Ders., Kirche in der Zeitenwende. Gesellschaftlicher Wandel und Erneuerung der Kirche, Gütersloh 1999, 163–222.

DERS., Die Bedeutung der Reformation – 500 Jahre danach, in: Ders., Verantwortete Freiheit, 28–37. Erstabdruck als Festrede zur Eröffnung der Lutherdekade in der Schlosskirche Wittenberg, in: epd-Dokumentation 42 (2008), 10–14.

DERS., Kirche in der Zivilgesellschaft, in: Ders., Kirche in der Zeitenwende. Gesellschaftlicher Wandel und Erneuerung der Kirche, Gütersloh 1999, 267–328.

Ders., Sozialethik als Verantwortungsethik, in: Wolfgang Nethöfel / Peter Dabrock / Siegfried Keil (Hg.),Verantwortungsethik als Theologie des Wirklichen Göttingen 2009, 74–100.

DERS., Verantwortete Freiheit, in: Ders., Von der Freiheit. Perspektiven für eine solidarische Welt, 57–129, München 2012, übersetzt aus dem amerikanischen Englisch von Marc Bergermann. Erstabdruck unter dem Titel: „Towards an Ethics of Responsibility“, in: The Journal of Religion, vol. 74, no. 4 (1993), 573–591.

DERS., Zur Einführung: Ist die Schule überhaupt der Ort …?, in: Anne Sliwka / Christian Petry / Peter E. Kalb (Hg.), Durch Verantwortung lernen, a.a.O., 7–11.

HUSMANN, Bärbel / Biewald, Roland (Hg.), Diakonie. Praktische und theoretische Impulse für sozial-diakonisches Lernen im Religionsunterricht, Themenhefte Religion Nr. 8, Leipzig 2010.

JONAS, Hans, Das Prinzip Verantwortung. Versuch einer Ethik für die technologische Zivilisation, Frankfurt/M. 1979.

KASPER, Wolfgang A. et al., Kompetenzorientierter und standardisierbarer Unterricht im Fach Evangelische Religionslehre in der Sekundarstufe I am Gymnasium, o.O., April 2012, Fortbildungsscript für die Zentrale Projektgruppe für das Fach Evangelische Religionslehre in Baden-Württemberg.

KLAPPENECKER, Gabriele, Diakonische Bildung an staatlichen Schulen. Ein Projekt des Evangelischen Schulwerkes in Württemberg, in: Christian Oelschlägel (Hg.), Diakonische Einblicke, DWI-Jahrbuch Bd. 41 (2010), Heidelberg 2011, 248–262.

DIES. im Auftrag des Evangelischen Schulwerkes in Baden und Württemberg, GeM*ein*wohl. Eine Handreichung zur Durchführung eines Seminarkurses mit einem Schwerpunkt auf dem diakonisch-sozialen Lernen für Lehrerinnen und Lehrer, Pfarrerinnen und Pfarrer an allgemeinbildenden und beruflichen Gymnasien in Baden-Württemberg. Mit einem Grußwort von Landesbischof Dr. Otfried July, Stuttgart 2013.

DIES., Religiöse Wahrnehmung und Deutung als Voraussetzung diakonisch-sozialer Bildung. Das „Michelbacher Modell" als didaktische Herausforderung, in: Johannes Eurich / Christian Oelschlägel (Hg.), Diakonie und Bildung, Stuttgart 2008, 389–402.

DIES., Schülerfragen als Weg zur Bildung diakonischer Kompetenzen, in: Mirjam Zimmermann (Hg.), Fragen im Religionsunterricht. Unterrichtsideen zu einer schülerfragenorientierten Didaktik, Göttingen 2013, 128–140.

KLAPPERT, Bertold, „Alles menschliche Leben ist durch Stellvertretung bestimmt" (D. Bonhoeffer). Oder: Siehe, das Lamm GOTTes, das die Sünde der Welt (er-)trägt (Joh 1, 29), in: Evangelische Theologie, 72. Jahrgang, H. 1/2012, 39–63.

KLIEME, Eckhart, Zur Entwicklung nationaler Bildungsstandards. Eine Expertise, Bonn/Berlin 2007.

KULD, Lothar, Religion in Lebenszusammenhängen – soziales und diakonisches Lernen, in: Harry Noormann / Ulrich Becker / Bernd Trocholepczy (Hg.), Ökumenisches Arbeitsbuch Religionspädagogik, Stuttgart 2007, 3. Aufl., 268–270.

KUMLEHN, Martina, Irritation und Expression. Zur Bedeutung der phänomenologisch-ästhetischen Dimension für die Entwicklung diakonischer Kompetenz, in: Thomas Schlag et al., Ästhetik und Ethik. Die öffentliche Bedeutung der Praktischen Theologie, Zürich 2007, 149–163.

DIES., Lebenskunst im Alter. Herausforderungen für (religiöse) Bildungsprozesse, in: Thomas Klie / Martina Kumlehn et al., Lebenswissenschaft Praktische Theologie?!, Berlin / New York 2011, 271–299.

LAVE, Jean, Wenger, Etienne, Situated Learning: Legitimate Peripheral Participation. Learning in Doing: Social, Cognitive and Computational Perspectives, Cambridge 1991.

METZ, Johann Baptist, Compassion. Zu einem Weltprogramm des Christentums im Zeitalter des Pluralismus der Religionen und Kulturen, in: Johann Baptist Metz,

Lothar Kuld; Adolf Weisbrod (Hg.), Compassion, Weltprogramm des Christentums. Soziale Verantwortung lernen, Freiburg i.Br,/Basel/Wien, 2000, 9–18.

OBST, Gabriele, Kompetenzorientiertes Lehren und Lernen im Religionsunterricht, Göttingen 2010, 3. Aufl.

RENDTORFF, Trutz, Ethik. Grundelemente, Methodologie und Konkretionen einer ethischen Theologie, Bd. 1, Stuttgart 1980.

RUPP, Hartmut / KNAPP, Angela / DAMMANN, Christoph, Diakonisch-soziales Lernen, Service Learning und gesellschaftliche Verantwortung, in: Gottfried Adam et al. (Hg.), Unterwegs zu einer Kultur des Helfens. Handbuch des diakonisch-sozialen Lernens, a.a.O., 56–68.

SCHLAG, Thomas, Horizonte demokratischer Bildung. Evangelische Religionspädagogik in politischer Perspektive, Freiburg/Basel/Wien 2010.

SCHLEIERMACHER, Friedrich, Der christliche Glaube nach den Grundsätzen der evangelischen Kirche im Zusammenhange dargestellt, 7. Auflage, Bd. I, aufgrund der zweiten Auflage neu hg. von Martin Redeker, Berlin 1960.

SCHMIDT, Heinz, Diakonische Bildung als Konstruktion von Wissen und Werten. Didaktische Anregungen aus konstruktivistischer Sicht, in: Christoph Gramzow / Heide Liebold / Martin Sander-Gaiser (Hg.), Lernen wäre eine schöne Alternative. Religionsunterricht in theologischer und erziehungswissenschaftlicher Verantwortung, Leipzig 2008, 93–103.

DERS., Diakonisches Lernen: Grundlagen, Kontexte und Formen, in: Hartmut Rupp / Christoph Th. Scheilke / Heinz Schmidt (Hg.), Zukunftsfähige Bildung und Protestantismus FS Eckhart Marggraf, Stuttgart 2002, 155–168.

DERS., Diakonisch-soziales Lernen und Bildung, in: Bildung und Religionsunterricht, in: Jahrbuch für kirchliche Bildungsarbeit Bd. 5, hg. v. Hartmut Rupp und Christoph Th. Scheilke, Stuttgart 2011, 161–170.

DERS., Vom diakonisch-sozialen Lernen zu einer diakonischen Bildung, in: Helmut Beck, Heinz Schmidt (Hg.), Bildung als diakonische Aufgabe. Befähigung – Teilhabe – Gerechtigkeit, Stuttgart 2008, 252–269.

DERS., Welches ist der Weg dahin, wo das Licht wohnt? Lebensgewinn durch diakonische Bildung, in: Oelschlägel, Diakonische Einblicke, a.a.O., 263–272.

SCHNEIDER-HARPPRECHT, Christoph, Diakonische Bildung als Befähigung zur Teilhabe, in: Helmut Beck / Heinz Schmidt, Bildung als diakonische Aufgabe, a.a.O.

SCHUBERT, Britta von, Grundkurs Diakonie. Ein Konzept diakonischen Lernens in der Oberstufe Religion des Gymnasiums, in: Glaube und Lernen, Jg. 15, H. 1/2000, 88–98.

SCHULZ, Torsten / SCHMIDT, Heinz, Teilhabe ermöglichen. Diakonische Bildung als Befähigungspädagogik, in: Helmut Beck / Heinz Schmidt, Bildung als diakonische Aufgabe. Befähigung – Teilhabe – Gerechtigkeit, Stuttgart 2008, 105–118.

SCHWEITZER, Friedrich, Bildungsstandards auch für Evangelische Religion?, in: Zeitschrift für Pädagogik und Theologie, 2004, H. 3, 236–241.

DERS., Menschenwürde und Bildung. Religiöse Voraussetzungen der Pädagogik in evangelischer Perspektive. Theologische Studien Neue Folge 2, 2011, hg. v. Thomas Schlag / Reiner Anselm / Jörg Frey / Philipp Stoellger, Zürich 2011.

SEIFERT, Anne / ZENTNER, Sandra, Service Learning – Lernen durch Engagement: Methode, Qualität, Beispiele und ausgewählte Schwerpunkte. Eine Publikation des Netzwerkes Lernen durch Engagement. Weinheim: Freudenberg Stiftung 2010.

SEIFERT, Anne / ZENTNER, Sandra / NAGY, Franziska, Praxisbuch Service Learning, „Lernen durch Engagement" an Schulen, Weinheim und Basel 2012.

SLIWKA, Anne, „Freiwillig hätte ich das nie gemacht, jetzt würde ich das sofort wieder tun": Erfahrungen mit Service Learning an deutschen Schulen, in: Dies. et al., Durch Verantwortung lernen, a.a.O., 32–57.

DIES., Service Learning: Verantwortung in Schule und Gemeinde. Beiträge zur Demokratiepädagogik. Eine Schriftenreihe des BLK-Programms „Demokratie lernen & leben", hg. v. Wolfgang Edelstein / Peter Fauser, Berlin 2004.

SLIWKA, Anne / FRANK, Susanne, Service learning. Verantwortung lernen in Schule und Gemeinde, Weinheim/Basel 2004.

STÄDTLER-MACH, Barbara, Alte Menschen, in: Gottfried Adam et al., (Hg.), Unterwegs zu einer Kultur des Helfens, a.a.O., 145–149.

STROHM, Theodor, Soziales Lernen in der Perspektive der „Verantwortlichen Gesellschaft", in: Helmut Hanisch / Heinz Schmidt (Hg.), Diakonische Bildung. Theorie und Empirie, a.a.O., 29–40.

DERS., „Wichern III": Die neue Kultur des Sozialen, in: ZEE 42, 1998, 171–175.

TERHART, Ewald, Nach PISA: Bildungsqualität entwickeln, Hamburg 2002.

TOASPERN, Huldreich David, Diakonisches Lernen für Förderschülerinnen und -schüler? Pädagogische und theologische Aspekte zur Überwindung von Subjekt-Objekt-Strukturen im diakonischen Lernen, in: Gramzow/Liebold/Sander-Gaiser (Hg.), Lernen wäre eine schöne Alternative. Religionsunterricht in theologischer und erziehungswissenschaftlicher Verantwortung, a.a.O., 59–72.

DERS., Diakonisches Lernen. Modelle für ein Praxislernen zwischen Schule und Diakonie, Leipzig 2007.

Lexikonartikel

GÖTZELMANN, Arnd, Art.: „Gemeinwesen", in: Klaus Dieter Kottnik / Eberhard Hauschildt (Hg.), Diakoniefibel. Grundwissen für alle, die mit Diakonie zu tun haben, Gütersloh 2008, 66–70.

NOLLER, Annette, Art.: „Diakonie und Bildung", in: Kottnik/Hauschildt (Hg.), Diakoniefibel. a.a.O.,37–41.

Bildungspläne, Positionspapiere, Programme, Verlautbarungen

BLK-PROGRAMM „Demokratie lernen & leben http://blk-demokratie.de

DIAKONIE DEUTSCHLAND (Hg.), Diakonie-Texte. Positionspapier „Handlungsoption und Gemeinwesendiakonie", 12. 2007. http://www.diakonie.de/122007-handlungsotion-gemeinwesendiakonie-1643.html

KIRCHENAMT DER EKD (Hg.), Identität und Verständigung. Standort und Perspektiven des Religionsunterrichts in der Pluralität. Eine Denkschrift der Evangelischen Kirche in Deutschland, Gütersloh 1994.

DASS. (Hg.), Kerncurriculum für das Fach Evangelische Religionslehre in der gymnasialen Oberstufe. Themen und Inhalte für die Entwicklung von Kompetenzen religiöser Bildung, EKD-Texte 109, Hannover 2010.

DASS. (Hg.), Kompetenzen und Standards für den Evangelischen Religionsunterricht in der Sekundarstufe I. Ein Orientierungsrahmen, Hannover 2010.

DASS. (Hg.), Maße des Menschlichen. Evangelische Perspektiven zur Bildung in der Wissens- und Lerngesellschaft. Eine Denkschrift. Gütersloh 2003.

DASS. (Hg.), Theologisch-Religionspädagogische Kompetenz. Professionelle Kompetenzen und Standards für die Religionslehrerausbildung (EKD-Texte 96), Hannover 2009.

FISCHER, Dietlind / ELSENBAST, Volker (Red.), Grundlegende Kompetenzen religiöser Bildung. Zur Entwicklung des evangelischen Religionsunterrichts durch Bildungsstandards für den Abschluss der Sekundarstufe I. Erarbeitet von der Expertengruppe am Comenius-Institut, Münster 2006.

MINISTERIUM FÜR KULTUS, JUGEND UND SPORT BADEN-WÜRTTEMBERG (Hg.), Bildungsplan 2004: Allgemeinbildendes Gymnasium (auch abrufbar unter www.bildung-staerkt-menschen.de/unterstuetzung/Schularten/Gymn/bildungsstandards).

UN-KONVENTION ÜBER DIE RECHTE VON MENSCHEN MIT BEHINDERUNGEN: http://www.bpb.de/publikationen

WORT DER DIAKONISCHEN KONFERENZ ZUM EUROPÄISCHEN JAHR 2010 ZUR BEKÄMPFUNG VON ARMUT UND SOZIALER AUSGRENZUNG, http://www.diakonie.de/diakonie-news-188-es-soll-kein-armer-unter-euch-sein-7321.htm

ZENTRALE PROJEKTGRUPPE KATHOLISCHE RELIGIONSLEHRE, Was ist kompetenzorientierter Religionsunterricht? http://lehrerfortbildung-bw.de/faecher/religion/gym/fb1/1_theorie/was_ist_kompetenzorientierter_ru.pdf

Beschlüsse

BESCHLÜSSE DER KULTUSMINISTERKONFERENZ, Einheitliche Prüfungsanforderungen in der Abiturprüfung Evangelische Religionslehre: Beschluss vom 1.12.1989 i.d.F. Vom 16.11.2006,http://www.kmk.org/fileadmin/veroeffentlichungen_beschluesse/1989/1989_12_01-EPA-Ev-Religion.pdf

BESCHLUSS DER 10. SYNODE DER EVANGELISCHEN KIRCHE IN DEUTSCHLAND auf ihrer 4. Tagung zum Religionsunterricht in der gymnasialen Oberstufe, 10. November 2005, http://www.ekd.de/synode 2005/beschluesse_religonsunterricht.html

SEKRETARIAT DER STÄNDIGEN KONFERENZ DER KULTUSMINISTER DER LÄNDER in der Bundesrepublik Deutschland, Vereinbarung zur Gestaltung der gymnasialen Oberstufe in der Sekundarstufe II. Beschluss der Kultusministerkonferenz vom 7.7.1972 i.d.F. vom 16.6.2000. Abrufbar unter http://www.ham.nw.schule.de/pub/bscw.cgi/d2022817/KMK_SII_2003.pdf

Homepages

EVANGELISCHES SCHULZENTRUM MICHELBACH (Diakonie-Profil), http://www.eszm.de/profile/diakonie-religion/profilinformation/profilinformation.html

FREUDENBERG-STIFTUNG: www.freudenbergstiftung.de Lernen durch Engagement, http://www.freudenbergstiftung.de/de/schluesselprogramme/lernen-durch-engagement/lernen-durch-engagement.html

Powerpoint-Präsentationen

HORSTMANN, Martin, Powerpoint-Präsentation vom 6. Mai 2011 im Evangelischen Schulwerk Baden und Württemberg (bisher unveröffentlicht).

SLIWKA, Anne, Powerpoint-Präsentation im Kultusministerium Stuttgart am 28.11.12 aus Anlass eines Round-Table-Gespräches zum Service Learning im Kultusministerium Stuttgart, initiiert von der Freudenberg-Stiftung (bisher unveröffentlicht).

Register